010
학지컴인사이트총서

알기 쉬운

김병희 · 최일도 · 최지혜 공저

정부광고법

A Simple and Easy Guide to
the Government Advertising Act

해설

학지사

정부광고 업무 인수인계서를 더 이상 쓰지 말자

정부광고 업무를 담당하는 공무원들은 고민이 많을 수밖에 없다. 우리나라에는 5,000여 곳 정도의 정부광고주가 있지만, 실제로 한 해에 집행되는 정부광고 건수는 수만 건을 넘어섰다. 정부광고 통계를 보면 2020년에 202,893건으로 20만 건을 넘긴 이후, 그 물량이 해마다 증가하고 있다. 우리나라의 정부광고비 총액이 2020년에 1조 607억 원이었는데, 그때 처음으로 1조 원을 넘긴 이후 해마다 1조 원을 넘기며 정부광고 물량이 계속 증가하고 있다.

같은 정부기관이라 할지라도 정부광고에 대한 의사결정이 과장의 주도로 과 단위에서 이루어지기 때문에, 실제로는 5,000여 정부광고주 숫자와 관계없이 해마다 수만 건에서 수십만 건의 정부광고를 집행해야 한다. 「정부기관 및 공공법인 등의 광고시행에 관한 법률」(이하 정부광고법)이 통과되기 전까지는 공무원들이 알아서 판단하면 됐지만, 정부광고법이 통과된

다음부터는 그렇게 하면 안 되고 법을 준수하면서 광고를 해야 한다. 따라서 한 해에 수십만 건에 육박하는 정부광고를 어떻게 관리하고 운영할 것인지 정부광고주의 고민이 깊어질 수밖에 없다.

공무원들이 정부광고 업무를 제대로 수행하려면 정부광고에 대한 전문성이 필요하다. 그런데 우리나라 공무원의 직무는 순환 보직에 따라 정해지므로 한 분야에서 오래 일하며 업무의 전문성을 쌓기는 어렵다. 담당 공무원이 정부광고의 개념과 집행 방법을 숙지하고 자기 주도적으로 업무를 추진하려고 할 때쯤 되면, 인사 명령에 따라 그 공무원은 다른 부서로 떠나고 새 사람이 다시 정부광고 업무를 맡게 된다. 처음부터 다시 시작이다. 정부수립 이후 수십 년 동안 이런 패턴이 계속돼 왔다. 순환 보직에 따라 새로 배치 받은 공무원은 업무를 새로 익혀야 한다. 새로 온 공무원은 전임자도 했던 해묵은 질문을 마치 새로운 질문인 양 또다시 반복할 것이다.

"방송 프로그램이나 신문 등에 대한 협찬도 한국언론진흥재단에 정부광고 대행을 의뢰해야 하는지요? 의뢰해야 한다면 그 근거는 무엇입니까?" "디지털 미디어 시대에 인터넷이나 모바일 기반의 다양한 방법으로 시행되는 모든 형태의 정부광고에 대해서도 의뢰해야 하는지요?" "정부광고에 대한 효과가 궁금한 경우에 효과조사 서비스를 제공받을 수 있는지요?" 이밖에도 정부광고 제도, 광고 컨설팅, 광고 의뢰, 매체 구매와 집행,

집행 결과의 확인과 광고효과 분석, 민간 협력, 정산 등의 사후 절차, 기타 분야 등 정부광고법에 대해 자주 물을 수밖에 없는 질문거리가 많을 것이다.

문는 사람은 늘 새로운 질문이라 생각하겠지만 답하는 사람 입장에서 보면 해묵은 질문인 경우가 많다. 정부광고주나 광고회사의 관계자가 질문을 해 오면 한국언론진흥재단의 정부광고본부 직원들은 관련 자료를 제공하며 성의껏 안내해 왔다. 그런데 정부광고법 해설서가 있다면 해묵은 질문에 대한 답변을 반복하지 않아도 될 것이다. 정부광고법의 내용을 정부광고주나 광고회사의 관계자에게 쉽게 이해시켜 어떻게 하면 업무에 바로 적용하도록 할 수 있을까? 필자들은 이런 문제의식에서 출발해 『알기 쉬운 정부광고법 해설』을 집필했다. 오랫동안 고민한 결과물을 마침내 세상에 내보낸다. 정부광고법의 핵심 정보를 가려 뽑아 여섯 개의 장으로 구성한 이 책의 구체적인 내용은 다음과 같다.

01 '정부광고의 특성과 변천'에서는 정부광고에 대한 다양한 정의를 비롯해, 외국의 정부광고 제도, 정부광고의 유사 개념, 정부광고주와 정부광고의 목적에 이르기까지, 정부광고에 관한 업무를 수행하는 사람이라면 누구나 알아야 할 정부광고의 일반적 특성에 대해 친절히 소개했다. 나아가 정부광고의 지나온 역사, 정부광고법 제정의 배경, 정부광고 대행 현황, 정부광

고의 시행 체계, 정부광고 총괄 대행의 장단점을 비롯해, 정부광고의 역사와 정부광고 대행 제도의 흐름과 특성에 대해 포괄적으로 설명하며, 디지털 미디어 시대에 정부광고가 어떠한 가치를 지녀야 하는지 폭넓게 조망했다.

02 '정부광고의 법률적 의미'에서는 정부광고법 제정의 취지, 정부광고법의 주요 내용, 정책홍보 업무 효율화와 정부광고의 공익성 제고 등 정부광고법 제정의 법적 함의를 고찰한 다음, 정부광고의 목적(정부광고법 제1조)에 대해 설명했다. 또한, 정부기관 및 공공법인의 적용 범위, 정부광고의 정의, 홍보 매체의 범위를 비롯해 정부광고의 정의(정부광고법 제2조)와 관련된 제반 개념을 소개했다. 나아가 정부광고 연간 계획의 수립과 정부광고 연간 계획의 지원 사항 같은 정부광고에 대한 국가 등의 책무(정부광고법 제3조)를 안내하고, 정부광고와 다른 법률과의 관계(정부광고법 제4조)를 비교했다.

03 '정부광고의 기획과 집행'에서는 정부광고법 제5조의 기능, 정부광고 관련 논쟁과 제5조의 의미, 정부광고 의뢰서의 작성 방법 등 정부광고의 의뢰(정부광고법 제5조)와 관련된 제반 사항을 설명했다. 그리고 홍보 매체의 선정과 결정 과정, 홍보 매체의 선정 기준과 쟁점, 매체의 관련 자료 요청 내용(정부광고법 제7조)에 대해 기술한 다음, 홍보 매체의 선정 방법(정부광고법 제6조)도 안내했다. 마지막으로 소요 경비의 개념, 수수료와 수수료율의 유래, 소요 경비의 확인과 처리 방법, 소요 경비

의 지급 주체 같은 소요 경비의 지출(정부광고법 제8조)에 관련되는 제반 사항을 논의했다.

　04 '정부광고 집행 시의 준수 사항'에서는 각 자치단체의 정부광고주들이 가장 궁금해하는 질문 중 하나인 정부기관 등의 유사 정부광고 금지(정부광고법 제9조)에 관한 내용을 구체적인 사례를 제시하며 상세히 안내했다. 그리고 정부광고 업무의 위탁과 수수료 문제나 수수료의 사용 같은 정부광고 업무의 위탁(정부광고법 제10조)에 관한 내용을 현실적인 맥락에서 설명했다. 나아가 정부광고 시행에 대한 지휘 감독(정부광고법 제11조)이 필요한 이유가 무엇이며, 업무상 취득한 비밀 누설의 금지(정부광고법 제12조) 조항이 현실에서 필요한 이유를 조목조목 근거를 제시하며 안내했다.

　05 '정부광고 집행 후 국회 보고'에서는 정부광고를 집행하는 과정에서 어떤 문제가 발생했을 때 시정하고 나서 정부광고의 집행 결과를 국회에 보고하는 시정 조치와 국회 보고 방법(정부광고법 제13조, 제14조)에 대해 상세하게 안내했다. 그리고 정부광고주가 정부광고법을 위반했을 때 벌칙을 적용하는 기준과 범위를 제시했다. 즉, 공무원 의제(정부광고법 제15조), 비밀 누설에 대한 벌칙(정부광고법 제16조), 비밀의 범위(정부광고법 제12조) 같은 벌칙 적용 기준과 비밀의 범위를 상세히 제시하며, 정부광고법을 준수하지 않았을 때 정부광고주가 받을 수 있는 불이익에 대해 경고했다.

06 '정부광고의 시행 실무'에서는 연간 계획, 정부광고 컨설팅, 광고 의뢰, 매체 구매, 광고 콘텐츠 제작, 민간 협력 같은 정부광고의 세부 시행 절차를 안내했다. 또한, 광고 집행 결과의 확인, 광고효과 분석, 정산 등의 사후 절차의 필요성도 강조했다. 나아가 정부광고법 제9조의 의미와 협찬의 현황을 안내하며 유사 정부광고 금지와 협찬의 유의 사항도 설명했다. 마지막으로 자주 묻는 정부광고에 대한 질문 분야를 정부광고 제도, 광고 컨설팅, 광고 의뢰, 매체 구매와 집행, 집행 결과의 확인과 광고효과 분석, 민간 협력, 정산 등 사후 절차, 기타 분야로 나누어 질의응답 내용을 소개했다.

정부광고법의 핵심 정보를 소개한 여섯 개의 장에 이어, 책의 마지막에는 정부광고 업무를 시행할 때 반드시 참고해야 할 다섯 가지 문서를 부록으로 실었다. 즉, 정부기관 및 공공법인 등의 광고시행에 관한 법률(정부광고법), 정부기관 및 공공법인 등의 광고시행에 관한 법률 시행령, 정부기관 및 공공법인 등의 광고시행에 관한 법률 시행규칙, 정부광고 업무 규정, 국무총리훈령에 의한 과거의 정부광고 업무 시행지침이 그것이다. 다섯 가지 문서는 사안이 발생할 때마다 필요한 부분만 발췌해서 읽어 보면 좋겠다. 정부광고를 집행하기에 앞서 어떤 대목이 궁금해진다거나 찜찜한 마음이 들 때면 다섯 가지 문서를 가장 기본적인 자료로 참고하면 도움이 될 것이다.

출판 여건이 어려운데도 이 책을 기꺼이 출판해 주신 학지사의 김진환 사장님과 최임배 부사장님 그리고 원고를 검토해 더 좋은 책으로 만들어 주신 편집부의 김순호 이사님과 박선민과장님께도 고맙다는 인사를 전한다. 그리고 정부광고 업무로 인해 바쁘신 와중에도 함께 책을 집필하신 최일도 박사님과 최지혜 박사님과도 출판의 기쁨을 함께 나누고 싶다. 기획에서부터 원고 마감에 이르기까지 시간이 많지 않았는데도, 우리 세 사람은 꼭 필요한 핵심 내용만 소개하려고 노력했으며, 수시로 만나 머리를 맞댔다.

정부광고 제도가 제대로 정착하려면 잘못될 수 있는 실무 관행을 바로잡아야 한다. 이 책의 곳곳에 문화체육관광부 미디어 정책국이나 한국언론진흥재단 정부광고본부의 관계자들께서 작성한 내용도 반영돼 있다. 인용한 경우에는 출처를 표시하려고 최대한 노력했지만 실수로 누락된 부분이 있다면 양해해 주시기 바란다. 이 해설서를 기획하고 완성하기까지 문화체육관광부와 한국언론진흥재단에 상당한 빚을 졌다. 정부광고에 관한 그동안의 지식을 충실히 반영한 이 책이 모름지기 정부광고법 해설서의 정본이 되기를 기대한다. 앞으로 정부광고법과 그 시행령이 개정될 때마다 순발력을 발휘해 시의적절하게 수정 · 보완할 예정이다.

정부광고 실무의 워크북 성격을 띤 이 책이 정부광고 업무를 담당하는 공무원이나 광고회사 관계자들에게 유용한 실무 지침서가 되기를 기대한다. 정부광고 업무를 맡은 전임자와 후임자가 관련 업무를 주고받는 순간에 업무 인수인계서를 작성해야 할 텐데, 이 책 한 권만 있다면 앞으로는 정부광고에 대한 업무 인수인계서를 더 이상 쓰지 않아도 될 것이다. 이 책을 읽다 보면 정부광고와 정부광고법에 대한 모든 것을 쉽게 이해하고 바로 적용할 수 있는 안목이 열리기 때문이다. 이 책을 읽은 독자들께서 우리나라 정부광고의 수준을 한껏 높여 주기를 기대한다.

2023년 4월
필자들을 대신하여
김병희

차례

학지컴인사이트총서 010

알기 쉬운
정부광고법 해설

01
정부광고의
특성과 변천

정부광고의 일반적 특성

정부광고의 정의

민주 정부는 국민의 선택과 지지를 바탕으로 존립한다. 민주주의 정부에서는 정부 정책을 수립할 때 여론을 반영하며 여론의 향방에 따라 국정 기조를 변화시키고 수정하기도 한다. 정부도 일반 기업이나 조직과 마찬가지로 국민에게 정부 정책을 제대로 전달해 우호적인 여론을 조성할 필요가 있다. 국민에게 정부 정책의 존재와 내용을 알리고 이해와 지지를 구한다는 점에서, 정부광고는 정부의 입장에서 정부 정책을 적극적으로 알리는 설득 커뮤니케이션이라고 할 수 있다.

정부광고의 보편적인 개념은 김영삼 정부 시절이던 1997년에 공보처에서 발행한 『광고행정백서』의 내용이 두루 원용되며 학계의 보편적인 지지를 얻어 왔다. 이 백서에서는 정부광고를 "중앙행정기관, 지방자치단체, 정부투자기관 및 일부 특별 법인이 일정한 효과를 야기하고자 관념과 정보의 전달 서비스에 관한 메시지를 매체를 통하여 유료로 전달하는 일체의 광고 행위"로 정의했다(공보처, 1997). 그리고 정부광고를 "정부가 주체가 되어서 행하는 광고로 중앙행정기관, 지방자치단체, 정부투자기관 및 일부 특별 법인이 일정한 효과를 야기하고자 아이디어, 정보, 서비스에 관한 메시지를 매체를 통하여 유료로 전달하는 일체의 광고 행위"라고 설명한 정의도 있다(윤태일, 김병희, 이정교, 2007; 한국언론진흥재단, 2013). 그러나 현실에서의 정부광고는 복잡한 양상을 띠고 있기에 이런 정의만으로 정부광고의 모든 것을 설명하기는 어렵다.

정부가 국민에게 국정 운영의 방향과 정책 내용을 알리고 국민의 여론을 수렴해 정책에 반영하는 소통 행위는 접근방식이나 관점에 따라, 정부PR, 공공캠페인, 공공 커뮤니케이션 같은 다양한 명칭을 쓸 수 있다. 영국의 마케팅 커뮤니케이션 전문가 주디 라논(Judie Lannon)은 공공 커뮤니케이션의 주된 목표가 사람들의 습관이나 행동을 변화시키는 데 있다고 하며 공공 커뮤니케이션의 미래를 매우 낙관적으로 전망한 바 있었다(주디 라논, 2010). 결국 공공 커뮤니케이션의 일종인 정부광고는 사회 질서의 유지, 국민 계몽, 사회적 손실의 방지를 위해 시행한다고 하겠다. 이때 정부 정책은 공공 커뮤니케이션의 목적과 긴밀하게 연계되기 때문에 정부광고의 기능은 그만큼 더 중요할 수밖에 없다(최일도, 허웅, 2012).

정부광고는 불특정 다수인 국민을 상대로 펼치는 대국민 소통 행위라는 점에서 특히 중요하며 소통 방식이나 메시지 내용에 있어서 공공성이 특별히 요구된다. 정부의 공공 커뮤니케이션 활동은 기업과 민간에서 전개하는 커뮤니케이션 활동과 겉으로는 별반 차이가 없다. 그러나 소통 대상이 주권자인 국민이고, 국민의 세금을 재원으로 써서 공적 이슈를 환기한다는 점에서 근본적인 차이가 있다. 정부의 커뮤니케이션 활동에서 공익성과 공공성이 중요한데, 정부광고는 공익성과 공공성을 중시하는 대표적인 공공 커뮤니케이션 활동이다(김병희, 손영곤, 2021).

정부광고가 공공 커뮤니케이션 활동의 한 부분이라면 더욱 체계적으로 전개해야 한다. 공공 커뮤니케이션 과정을 규명한 연구에서는 영국, 프랑스, 호주의 공공 커뮤니케이션 제도와 한국 공공 커뮤니케이션 현황은 물론 실무자와 전문가 인터뷰를 바탕으로 공공 커뮤니케이션의 과정을 [그림 1−1]과 같이 제안했다(권예지, 편미란, 윤성인, 2021). 소통 목표에 따라 연간 목표, 소통 전략, 실행, 평가라는 4단계 과정을 거쳐야 하는 데, 이때 소통 목표를 다시 수정하고 또 다시 수정해 나가는 선순환 과정이 필요하다고 했다. 공공 커뮤니케이션 분야에 종사하는 실무자들이 4단계 과정에서 어떤 어려움을 느낀다면 단계별로 교육을 실시해야 하며 네트워킹과 협업도 필요한데, 각 단계에 적합한 필요 조치를 매뉴얼에 명시해 놓으면 공공 커뮤니케이션 과정에서 구체적인 도움이 될 것이다.

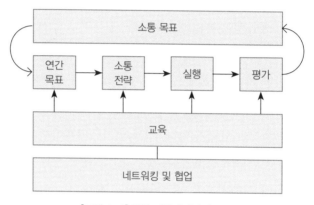

[그림 1-1] **공공 커뮤니케이션 과정**

출처: 권예지, 편미란, 윤성인(2021), p. 239.

　　정책 전달을 비롯한 여러 가지 목적에 따라 정부광고를 시행한다. 예컨대, 국민의 생명을 위협하는 질병 대처법을 신속히 알리는 공익성 정부광고는 국민 모두에게 시급한 정보를 제공한다. 악성 전염병이 창궐하는 상황에서 정부광고는 전염병에 대응하는 방법을 신속히 전파할 수 있다. 정부광고의 재원은 국민의 세금이기 때문에 보편적인 공익 목적에 필요한 최소한의 범위에서 시행해야 한다. 그런데 어떤 제한이나 사회적 합의 또는 통합적 가이드라인도 없이 정부광고가 무제한의 자유를 누리고 있다며 비판하기도 했는데(김영욱, 2010), 정부광고주를 비롯해 정책 관계자들이 유념해야 할 대목이다.

정부광고는 정부의 정책 홍보와 공공성 강화라는 목적에 따라 시행하며 공공성, 공익성, 정확성, 시의성을 추구한다. 정부광고와 민간 광고는 광고 목적에서부터 상당한 차이가 있다. 정부광고의 목적이 국민에게 정보를 제공하고 사회적 공익성을 환기해 공공 분야의 이미지 개선과 신뢰를 구축하는 데 있다면, 민간 광고의 목적은 소비자에게 상품과 서비스의 판매를 극대화하고 이윤을 추구하는 동시에 브랜드 가치를 제고하는 데 있다.

우리나라의 정부광고는「정부광고 시행에 관한 국무총리훈령」(국무총리훈령 제102호, 1972. 3. 4., 제정)(국무총리훈령 제120호, 1974. 5. 11., 일부개정)에 따라 시행됐다.「정부광고 시행에 관한 규정」(국무총리훈령 제541호, 2009. 10. 6., 일부개정)에 나타난 '제2조의 정의'에서는 정부기관을「정부조직법」제2조 제2항에서 명시한 중앙행정기관(각 원, 부, 처, 청, 국과 그 산하기관), 도청 소재지에 소재하는 지방자치단체와 시·군 단위의 지역 행정기관으로 정하고, '공공법인'은「공공기관의 운영에 관한 법률」제4조 제1항에 따라 지정된 공공기관과 지방공기업법에 따른 지방공기업 및 특별법에 따라 설립된 법인으로 명시하고 있다. 이 훈령의 제2조 제3항에서는 '광고'를 국내외에 알리기 위

해 홍보 매체에 의뢰해 시행하는 일체의 유료 고지 행위로 정의
했다. 이 정의에 따르면 중앙정부와 관련기관에서 시행하는 모
든 광고가 정부광고다.

광고 실무 차원에서의 정부광고란 문자 그대로 정부와 관련
기관에서 하는 광고다. 정부광고는 이윤을 추구하는 상업광고
와 달리 공고, 시책홍보, 공공 봉사의 목적에서 시행하는 비상
업적 커뮤니케이션 활동이다. 정부광고의 세부적인 특성을 광
고 실무 차원에서 살펴보면 다음과 같다. 즉, 정부광고는 국민
들의 이해와 협력과 지지를 구하는 공공 소통 활동이며, 한정
된 예산으로 광고 활동을 전개하기 때문에 긴급을 요하는 광고
비중이 크다. 전체 정부광고 건수의 약 80% 정도가 5백만 원
이하의 소액 광고이며, 정부광고를 시행하는 정부광고주의 숫
자는 5,000여 개 이상이다. 그렇지만 같은 정부기관에서도 과
단위에서 정부광고 시행에 대한 의사결정을 과장이 주도하기
때문에, 5,000여 곳 정도의 정부광고주를 넘어 정부광고의 건
수는 한 해에 수만 건 혹은 수십만 건에 육박하는 실정이다(문
화체육관광부 미디어정책국, 2021).

정부광고의 가장 중요한 기대 효과는 정부광고 제도의 운영
을 통해 정부광고 시행의 효율성과 투명성을 제고하는 데 있
다. 보다 구체적으로는 다음과 같은 세부적인 기대 효과 4가지
가 있다. 첫째, 예산 절감 효과이다. 정부기관의 한정된 예산으
로 광고효과를 달성하기 위해, 수탁 기관이 매체사와 비영리적

차원의 협상을 지원하기 때문에 예산을 절감할 수 있다. 둘째, 정부광고 업무의 효율성을 제고한다. 업무를 독자적으로 수행하기 어려운 소규모의 하급기관과 500만 원 미만의 소액 광고에 대한 업무를 지원한다. 셋째, 정부광고의 과다 유치 경쟁을 방지한다. 언론 기관에서 정부기관에 광고 요청을 하거나 광고 유치 경쟁이 과도할 경우에는 최소화하고, 무신탁 광고 게재를 예방하도록 지원한다. 넷째, 저렴한 수수료 요율이다. 정부광고의 대행 수수료는 민간 광고회사의 광고 대행 수수료에 비해 매체별로 5~10% 정도 저렴하다.

정부광고의 세부 유형에는 여섯 가지가 있다. 행정 광고(공시, 공고, 안내, 입찰, 공람, 모집 등 법적 의무조항 광고로 거의 모든 정부기관의 광고), 시책홍보 광고(중앙정부나 지방자치단체에서 새로운 정책과 법규 및 행정 서비스를 추진할 때 국민의 이해와 협력과 지지를 구하며 정책 목표를 원활하게 실현하기 위한 PR 성격의 광고), 의견 광고(중앙정부나 지방자치단체의 공식 입장이나 의견을 제시하는 광고), 긴급쟁점 광고(돌발 사태나 긴급 상황에서 적절한 대처나 국민의 이해를 구하는 광고), 공공 봉사 광고(정책 시행을 위한 목적이 아닌 국민 계도나 공공의 이익을 위한 공익성 광고), 그리고 상품 및 서비스 광고(정부투자기관이나 일부 특별법인의 상품이나 서비스를 알리는 일반 상업광고와 유사한 광고)가 그 여섯 가지다(최일도, 허웅, 2012).

결국 정부광고는 이윤을 추구하는 상업광고와 달리 정책 홍보, 공고, 공공 봉사를 위해 시행하는 비상업적 커뮤니케이션 활동이다. 정부광고법에서는 정부광고를 "정부기관 또는 공공법인이 국내외의 홍보 매체에 광고, 홍보, 계도 및 공고 등을 하기 위한 모든 유료고지 행위"라고 정의하고 있다(정부광고법 제2조). 정부광고는 비상업적 커뮤니케이션 활동이므로 정부광고 대행 수수료는 공적 활동을 지원하는 데 사용된다. 정부광고 수수료는 언론진흥기금의 형태로 언론 진흥과 발전을 위해 쓰이고 있다. 정부광고법 제10조(정부광고 업무의 위탁)와 동법 시행령 제8조(언론진흥을 위한 수수료 사용)에서는 수수료의 세부적인 용도를 규정해 공적 영역을 지원하는 근거를 마련했다. 정부광고가 정책 소통의 매개 역할을 수행한다는 점에서, 국내외를 막론하고 정부광고의 중요성이 갈수록 강조되고 있다.

외국의 정부광고 제도

외국 정부광고의 운영 방식은 크게 중앙집권형 방식과 분권형 방식으로 나누어진다. 우리나라와 마찬가지로, 일본, 독일, 영국 역시 중앙집권형 방식으로 운영하고 있다. 이와 달리 미국과 프랑스의 경우에는 분권형 방식을 취하고는 있지만 정부광고를 관리하는 일원화된 관리 시스템을 구축하고 있다. 각 나라에서는 정부광고의 전문성과 효율성을 확보하기 위해 다양한 제도를 운영하고 있는데, 주요 국가의 정부광고 운영 체계와 특성을 살펴보면 다음과 같다.

미국의 정부광고

미국의 정부광고 운영 방식은 어떤 부처에서 총괄적으로 관리하지 않고 정부 부처별로 정부광고를 시행하는 분권형이다. 부처별로 설치한 공보실(Office of Public Affairs)에서 각각의 예산으로 정부광고 캠페인을 독자적으로 시행한다. 정부 부처별 광고는 해당 부처의 공보 담당관과 마케팅 전문가가 주도한다. 미국 의회는 정부 부처와 공공기관의 광고 예산을 관리하고, 정부 기관은 민간 광고회사나 미디어렙과 직접 계약을 체결해 독자적으로 광고를 집행한다. 각 정부기관은 정부광고 운영에 대한 독립권이 있지만, 광고회사나 미디어와의 계약 체결은 미국연방조달국(General Services Administration: GSA)에서 진행하며, 정부광고의 예산은 의회의 승인을 거쳐 집행한다.

미국의 분권형 정부광고 운영 방식은 50개의 자치주로 이루어진 미국의 국가 규모와도 관련된다. 미국은 정부광고의 기획과 집행을 종합적으로 관리하는 단일화 창구가 없고, 정부의 각 부처별로 민간 광고회사를 선정해 독자적으로 광고를 기획하고 집행할 수밖에 없다. 전체 광고비를 집계할 수 있는 시스템도 완벽히 구축되지 못했다. 시스템 요소와 함께 전체 광고비를 집계하기 어려운 이유는 정부광고의 범위를 공공 분야의 어느 선까지 규정할 것인지가 명확하지 않기 때문이다. 미국의 연방정부, 주정부, 자치도시별로 각각 집행하는 광고의 규모를 정확히 파악하기란 사실상 불가능하다.

미국 정부광고의 특성은 정부와 광고업계가 정부광고의 역할을 긴밀한 관계 속에서 분담하고 있다는 점이다. 정부 부처의 광고는 각 부처에 배정된 예산의 범위에서 해당 부처의 공보 담당관과 마케팅 전문가의 책임 하에 개별적으로 집행하고 있다. 정부광고의 발주는 연방 정부의 재산과 문서 그리고 건설 관리 업무를 담당하는 미국 연방조달국(GSA)에서 맡는다. 광고 예산은 의회의 예산 심의를 거쳐 정부광고 운영의 타당성에 대한 검증을 받으며 이때 조정되기도 한다. 배정받은 정부광고 예산에 대해서는 원칙적으로 자율성을 갖고 예산 범위 내에서 광고를 계획하고 집행한다.

각 부처에서 기획한 정부광고 캠페인을 맡을 광고회사를 경쟁 프레젠테이션을 거쳐 선정한 다음, 3~5년 동안 대행을 맡기는 것이 보편적이다. 정부와 민간 광고업계가 긴밀한 관계를 맺고 정부광고의 역할을 공유한다는 점이 미국 정부광고의 대표적인 특성이다. 미국 정부광고의 또 다른 특성은 광고협의회(Advertising Council: AC)와 협력해 공익 캠페인을 무료로 전개한다는 사실이다. 정부광고 중에서 공익적 성격의 정부 공공광고(Public Service Announcements)는 전적으로 광고협의회에서 주도해서 기획하고 제작하고 시행한다(김병희, 2019).

미국의 정부 부처별로 민간 광고회사를 선정해 어떤 기준에 따라 정부광고 대행 수수료 지급을 규정한 공식적인 지침은 없다. 다만 의회의 관리 감독을 받는데, 관리 감독의 근거는 연간 세출예산법, 미국 연방법(U. S. Code), 미국연방규정(Code of Federal Regulations: CFR)에서 찾을 수 있다. 입법부 산하의 회계감사원(General Accounting Office: GAO)의 감독을 받기도 한다. 미국 회계감사원은 연방 기관의 예산 집행에 대한 회계감사를 하고 그 결과를 의회에 보고한다. 회계감사원은 또한 행정부의 예산 집행 청구권을 확정하고 조정하거나 거부할 권한이 있으며, 예산과 회계에 관한 법률 해석권도 가지고 있다.

영국의 정부광고

영국 정부는 광고 집행의 창구를 단일화시켜 중앙 부처에서 통합적으로 관리한다. 1946년에 창립된 중앙공보원(Central Office of Information: COI)은 정부광고의 기획과 집행에 관한 주요 업무를 수행하며, 그 산하에 광고자문위원회(Advisory Committee on Advertising: ACA)를 설치해 정부광고에 대한 조언을 받는다. 중앙공보원의 고위 간부들은 대부분 공무원이다. 중앙공보원의 공식적인 목표는 중앙 정부의 커뮤니케이션 효과를 높이고, 재정 측면에서 생산성을 높이는 데 있다. 중앙공보원의 업무 방향은 정부 부처의 커뮤니케이션과 마케팅 프로그램을 효과적으로 운영해 가치를 높이고, 민간 광고회사 등의 모든 소통 채널과 교류하고 협력하는 것이다. 그리고 업무 지침은 커뮤니케이션의 목적에 부합하도록 전략적 조언을 하고, 전략적 조언을 수행할 수 있는 프로젝트 서비스를 기획하고, 모든 서비스를 정부 조직에 한해서 직접 공급하는 것이다.

영국 정부광고의 두드러진 특성은 강력한 중앙집중형 체제를 유지한다는 사실이다. 정부 부처는 반드시 중앙공보원을 통해서만 광고 매체를 대행해야 한다. 정부광고는 기획, 제작, 집행의 전 과정을 중앙공보원이 책임지는데, 중앙공보원은 정부 부처의 광고 전담 창구 역할을 맡았고 광고회사는 정부광고주 자격을 담당했다. 이런 구조를 바탕으로 영국의 정부광고는 막강한 매체 구매력과 협상력을 유지하는 동시에 광고 예산도 절감했다.

영국 정부는 제2차 세계대전 직후에 창립돼 66년 동안 정부광고를 총괄해 오던 중앙공보원(COI)을 2011년 6월에 폐쇄하고, 곧이어 정부소통센터(Government Communication Centre: GCC)를 설치했다. 이후 '통합적 커뮤니케이션' 비전을 발표한 정부소통센터는 정부 부처에 정부광고와 정책PR 활동에 대해 조언하며 정부광고주의 역할을 수행했다. 정부소통센터는 각종 정부광고 서비스나 매체 구입을 대행했기에, 정부소통센터에 집중된 정부광고 예산은 광고 매체 비용을 절감하는 데 기여했다. 정부소통센터는 정부 부처를 대신해 내부의 광고자문위원회(Advisory Committee on Advertising: ACA)의 자문을 거쳐 광고회사와의 계약도 체결했다(김병희, 2019; 심성욱, 김유경,

2013). 광고자문위원회의 자문위원은 국영기업, 민간 기업, 방송사, 잡지사, 광고회사 등 임원급 7인으로 구성됐는데, 정부광고의 기획, 제작, 집행 과정에 자문하고 중앙공보원의 정책과 광고회사의 선정에 영향력을 발휘했다.

이어서 영국 정부는 2014년에 정부소통청(Government Communication Service: GCS)을 출범시켰다. 영국 정부의 핵심 조직인 내각사무처(Cabinet office)는 국적 운영, 정책 조정, 성과 평가, 국가 재정, 사회경제 현안에 대한 정부의 의사결정을 통합적으로 관리한다. 정부광고와 정책PR 업무를 총괄하는 내각사무처는 산하 조직인 정부소통청을 2014년에 출범시켜 모든 정부 부처의 공공 커뮤니케이션 활동을 지원하도록 했다(이태준, 이원혁, 이준수, 지준형, 최동욱, 박현희, 남태우, 2019).

정부소통청(GCS)은 2015년에 '현대 커뮤니케이션 운영 모델(Modern Communication Operating Model 2.0, MCOM 2.0)' 매뉴얼을 마련했고, 이를 2019년에 개정했다. 이를 바탕으로 정부의 공공 커뮤니케이션 사업을 실행하고 있는 정부소통청은 정부 커뮤니케이션의 기능을 네 가지로 설정했다. 사회의 이익 실현을 위한 행동 변화, 공공 서비스의 효율적 운영, 영국의 평판 관리와 적절한 위기 대응, 정부 정책과 프로그램에 대한 안내가 네 가지 기능이다. 〈표 1-1〉에서 확인할 수 있듯이, 정부 커뮤니케이션의 목표 달성을 위한 정부소통청의 업무는 전략적 커뮤니케이션, 마케팅, 내부 커뮤니케이션, 미디어, 외부 업무라는 다섯 가지 핵심 영역별로 진행된다.

〈표 1-1〉 정부 커뮤니케이션의 목표 달성을 위한 다섯 가지 핵심 영역

영역	내용
전략적 커뮤니케이션	측정 가능한 효과별로 우선순위가 반영된 포괄 계획에서 통찰력을 가지고 해당 활동을 계획, 조정, 실행한다.
마케팅	정책에 대한 인지도를 높이고, 태도와 행동에 영향을 미치며, 서비스의 운영을 지원한다.
내부 커뮤니케이션	우선순위의 이해, 조직적·문화적 변화에 대한 지지, 성과의 극대화, 사업 전략의 효과적인 수행에 있어서 직원들의 몰입을 돕는다.
미디어	언론, 관계 관리, 콘텐츠 생산, 통찰과 평가에 대해 적극적으로 대응하고 처리한다.
외부 업무	정책 설명과 캠페인 실행을 도와준다.

출처: GCS (2019).

정부 커뮤니케이션의 성공 여부는 구체적인 캠페인 수행과 성과인 만큼, 정부소통청은 관련 담당자가 현장에서 활용할 수 있는 캠페인 모델을 마련했다. 그것이 오아시스(Objective, Audience, Strategy, Implementation, Scoring: OASIS) 캠페인 모델인데, 캠페인 계획의 순서와 명확한 단계를 제시함으로써 엄밀하고도 일관된 커뮤니케이션 효과를 얻기 위해서였다(권예지, 편미란, 윤성인, 2021). 정부소통청은 정부의 커뮤니케이션 계획을 실행하고 국가 커뮤니케이션의 개선과 발전에 필요한 업무를 수행하면서도, 정부기관의 지위가 따로 없으며, 직원을 선발하지도 않고 마케팅 업무를 대행하지도 않는다(이희복, 홍문기, 2022: 63). 대신에 정부소통청은 정부 부처 공무원의 공동체를 만들어 공공 커뮤니케이션 기술을 육성할 전문가 조직을 관리한다.

독일의 정부광고

독일의 정부광고는 우리나라와 유사하게 정부 기관에서 담당하고 있으며, 거의 모든 미디어를 통해 정부의 정책 내용을 국민에게 전달하고 있다. 독일 연방정부의 정부광고와 정부PR 활동은 연방 내각에서 자체 진행하며, 연방정부 산하 기관인 연방공보처(Das Presse und Informationsamt der Bundesregierung: BPA)에서 담당한다. 연방공보처는 1949년에 독일의 「기본법」 제5조인 의사표현의 자유, 알 권리, 학문의 자유, 제20조의 기본권리, 저항권을 근거로 초대 연방총리를 지낸 콘라트 아데나워(Konrad Adenauer)가 설립했다.

연방공보처는 1958년에 수상청에서 분리돼 별도 조직이 되었다. 연방공보처의 법적 지위나 조직은 특별법이나 조직 명령으로 규정돼 있지 않지만 권한과 임무는 규정했는데, 연방공보처가 "연방수상 직속의 국가 공보 활동에 관한 연방정부의 주무부서"라는 것이다. 특히, 연방정부의 각 부처와 연방공보처의 관계는 독일 「기본법」 제65조 제2항에 명시돼 있다. 각 연방장관은 연방수상이 결정한 정책에 관한 소관 업무를 책임지고 지휘하도록 돼 있어 소관 업무에 대한 공보 활동을 할 권한이 있다.

연방공보처의 기본 역할은 연방정부의 정책과 업무를 국민들에게 알리기 위한 기자회견을 담당하는 것이다. 따라서 연방공보처장과 대변인은 연방정부와 연방총리의 대리인으로 언론에 자주 등장한다. 연방공보처는 대중매체에 나타난 연방정부와 연방총리의 이미지를 관리하며, 기자회견 외에도 다양한 정부광고를 집행한다. 연방공보처는 또한 정부의 홍보 전략 기획, 정부 정책에 관한 언론보도 분석과 모니터링, 정부 정책에 대한 여론 조사, 정부 정책을 알리는 정부광고, 정책홍보 간행물 발간 등의 업무를 담당한다.

연방공보처는 정부광고를 집행할 때 광고효과를 높이기 위해 민간 광고회사에 외주를 맡긴다. 연방공보처가 정부광고주로서 광고회사를 선정하고, 업무 계약을 체결한 다음에는 민간 광고회사가 광고대행 업무를 담당하는 구조이다. 연방공보처와 광고회사의 관계는 민간의 광고 대행 계약과 동일하다. 이 과정에서 광고회사 선정은 연방정부 부처의 독립된 업무이며 각 부처는 광고회사의 고객으로서 광고 업무를 의뢰한다. 연방공보처 산하의 '제4국 홍보지원국'에서는 각종 홍보물을 제작하고 민간 기업과 협력한다.

1990년 이후부터는 독일 통일과 유럽연합(EU)이 이루어져 공공 커뮤니케이션에서 통합 캠페인의 필요성이 높아졌다. 이에 따라 연방공보처는 조직을 확대하고 독일의 개혁정책 사레인 '아젠다 2010' 캠페인을 전개하며 공공 커뮤니케이션 활동을 강화했다. 연방공보처는 정책 포털 사이트(https://www.bundesregierung.de)를 운영하면서 독일 정부가 추진하는 보건 개혁, 교육 개혁, 연금 개혁, 이민 정책, 유럽연합의 확대 같은 30여 가지의 핵심 정책을 국내외에 널리 알리고 있다.

프랑스의 정부광고

프랑스의 정부광고는 미국과 유사하게 분권형 방식을 취하기 때문에, 정부 부처와 공공기관 및 지방 자치단체에서 개별적으로 수행한다. 광고 절차, 광고회사 선정, 매체 전략 같은 정부광고 집행에 대한 모든 권한은 광고 주체인 부처나 공공기관에서 독자적으로 행사한다. 그렇지만 여러 부처에 걸쳐 있는 정책 의제나 중요한 사안은 국무총리실 산하의 정부공보처(Le Service d'information du Gouvernement: SIG)에서 주관한다. 정부공보처에서는 정부 정책과 사회적 이슈에 대한 여론 분석, 언론 동향 파악, 정부의 공공 커뮤니케이션 전략 수립과 시행, 대언론 관계 문제, 가짜 뉴스 대응 같은 업무를 담당한다. 국무총리실 산하의 행정법률정보국(Direction de l'information Légale et Administrative: DILA)에서는 정부의 시행령과 행정명령을 알리는 공보(Journaux Officiels)를 발행하고, 각종 제도에 대해 안내한다(권예지, 편미란, 윤성인, 2021).

정부공보처의 임무에는 크게 두 가지가 있다. 정부정책에 대한 여론과 언론보도 내용을 분석해 정부 정책에 반영하는 일과 정부 정책을 국민에게 적극적으로 홍보하는 일이다. 정부 정책을 실질적으로 담당하는 총리실 산하에 정부공보처가 있는 것도 그 때문이다. 정부공보처의 구체적인 임무는 다음 네 가지다. 여론 동향과 언론보도 분석, 의회와 언론 및 대중에게 정부의 정책 정보 전달, 경찰과 해외 공관의 협조를 바탕으로 공익 목적의 정보 전달 수행, 공공 기관의 공익적 홍보활동과 여론 동향 분석의 지원 활동이 네 가지의 임무다.

여기에서 정부광고와 직접 관련되는 것은 공익적 홍보활동이다. 프랑스의 모든 부처, 공공 기관, 지방 정부가 정부광고를 시행할 권한을 독자적으로 갖기 때문에 정부공보처 차원에서 주도하는 정부광고는 정부기관 등이 공동으로 수행할 필요가 있을 때만 시행한다. 정부공보처는 여러 정부기관 등의 독자적인 광고 집행에 관여할 권한은 없지만, 각 부처나 기관에서 광고 집행 실무에 대해 도움을 요청하면 적극적으로 지원한다.

프랑스에서 매체사에 지급되는 정부광고비는 일반 광고비에 비해 낮은 금액에 집행된다. 프랑스의 정부광고는 전체 예산의 30%를 인쇄 매체에 집행하고 나머지 예산을 TV와 라디오에 집행해 왔지만, 디지털 시대에 접어들어 TV와 라디오 광고 물량이 해마다 대폭 줄어들고 있다. 심지어 정부공보처는 정부에 긴급한 사안이 발생했을 경우에 때로는 매체사에 무료로 광고 게재를 요구하기도 한다. 예컨대, 프랑스 정부는 국민의 해외 납치 같은 긴급 사건이 발생하면 자국민의 행동 요령과 공지 사항을 알리는 광고를 만들어 공영방송에 무료로 방송해 달라고 요청한다. 이런 경우에 방송사는 어떤 형태로든 보상을 요구하게 되는데, 프랑스 정부에서 보상을 공식적으로 인정한 경우는 없다.

일본의 정부광고

일본의 정부광고는 중앙정부 부처의 정부광고에 한해 내각부 산하의 내각공보실에서 일괄적으로 관장한다. 「내각부 설치법」 제4조 제3항 제40호의 '정부의 중요 시책의 공보에 관한 내용'에 근거해, 내각공보실이 정부 부처와 연대해 정부광고를 시행한다. 일본 정부는 광고에 '정부광고'라고 표시해 각 부처가 실시하는 광고 활동과 구분한다. 내각공보실에서 담당하는 광고는 특정 부서의 정책이나 시책을 알리는 광고가 아니라, 정부 정책이나 정책 개편 같은 정보를 국민들에게 구체적으로 알리는 광고다.

내각공보실은 정부광고의 종합 계획을 수립하고 운영한다. 즉, 정부 부처의 광고 업무를 조정하고 각 부처에 속하지 않은 정부광고도 집행하며, 정부광고 캠페인을 전개할 매체의 규모도 확정한다. 매체별로 활용할 지면을 해마다 연초에 확보해 정부광고를 노출할 매체를 각 정부기관이 공동으로 이용하도록 제도화했다. 일반적인 대국민 정부광고와 홍보성 광고는 전문 광고회사의 대행을 거쳐 집행하지만, 공고나 법정광고 같은 간단한 광고는 해당 부처에서 매체사와의 직거래로 집행한다(김병희, 2019).

내각공보실은 정부 정책을 광고할 때 내각 내에서 의견을 조정하고, 내각을 대표하는 광고 활동을 전개한다. 광고 활동의 구체적인 내용은 내각의 중요 정책 과제를 알리는 핵심 주제를 결정하고, 내각 총리대신과 내각 관방장관의 기자회견과 언론보도를 지원하고, 수상 관저의 홈페이지를 운영하는 세 가지 업무다.

일본 정부광고의 특성은 정부 부처 간에 역할을 분담하고 매체를 공동으로 이용한다는 점이다. 내각공보실은 정부광고 예산의 대부분을 관리하기 때문에, 정부광고 창구를 단일화했다는 장점이 있다. 내각공보실에 예산을 집중하는 까닭은 정부광고를 보다 효율적으로 집행하기 위해서이다. 신문과 방송에 광고를 발주하는 업무는 내각공보실이 주도하고, 각 부처의 광고는 해당 부처에서 직접 실행한다. 내각공보실은 매달 정부 부처에서 정부광고 주제를 제출받아 정부의 방침에 맞는지 검토하고 부처별 조정을 거쳐 핵심 주제를 선정하며, 필요한 매체 규모를 확정한다. 내각공보실은 광고를 기획하고 비용을 지불하는 정부광고주이며, 광고회사들은 광고 제작과 매체 집행을 담당한다.

정부광고는 내각부의 전자입찰을 통해서 발주한다. 경쟁 프레젠테이션을 통해 정부광고를 대행할 광고회사를 선정하는데, 내각공보실에서 정부광고의 주제를 제시하면 경쟁에 참여한 광고회사들은 기획안을 제시한다. 대행사 선정 과정에서는 특정 광고회사에 정부광고가 집중되지 않도록 고려한다. 최종적으로 광고회사가 선정되면, 정부광고의 기획과 제작은 최종 선정된 광고회사에서 전담하게 된다. 일본의 정부광고 제도에서 특이한 사실은 민간 광고회사에 대행 수수료를 지급하는 것에 대한 명확한 규정이 명문화돼 있지 않다는 점이다. 정부 조달 시스템에 의한 입찰에 따라 광고회사를 선정하기 때문에, 대행 수수료가 입찰 가격에 포함돼 수수료 수입을 구분하기 어렵다. 그리고 수수료 수입은 각 광고회사의 경영 정보에 해당되기 때문에 공개하지 않고 있다.

매체 대행사의 선정은 전자 입찰을 거치기 때문에 내각공보실에서 언론사로 직접 발주하는 경우는 없다. 입찰은 신문, 방송, 잡지 같은 매체별로 횟수와 내용이 나눠진다. 신문의 돌출 광고는 계약 기간이 1년이므로 연 1회 입찰을 실시한다. 방송은 매체 확보와 기획 및 광고제작을 포함해 연 2회 입찰을 실시한다. 캠페인성 광고는 제시된 캠페인 내용을 바탕으로 매체 확보, 광고기획, 광고제작을 포함해 일괄 수주 조건을 제시한다. 광고회사가 선정되면 내각공보실은 캠페인 주제와 필수 반영 요소를 정리해 광고회사에 제시하고 그에 따라 광고회사에서 광고물을 완성하면 내용을 검토한 후 최종적으로 광고를 집행한다.

외국 정부광고 운영의 장단점

정부광고 제도의 공통점은 민간의 자율적 참여를 어느 정도 보장하면서도 일원화된 관리 체계를 운영한다는 점이다. 정부광고 영역의 민간 개방과 일원화된 운영체계는 각각 장단점이 있다. 정부광고를 민간에 완전 개방하면 시장 논리에 의해 저예산 정부광고는 외면당할 가능성이 높고 효율성은 저하될 것이다. 정부광고를 민간에 개방하지 않고 단독 대행 체계로 운영하면 시장의 공정한 참여를 보장하지 않는다는 문제가 제기될 것이다. 이때 중요한 사실은 정부광고의 재원이 국민의 세금에서 나오기 때문에 광고효과를 잊지 말아야 한다는 점이다. 이는 우리나라를 비롯해 거의 모든 나라의 정부광고 관계자들이 주안점을 두는 사항이다.

여러 나라의 정부광고 제도를 비교하면 광고 집행 방식을 크게 두 가지로 분류할 수 있다. 하나는 미국처럼 정부 부처나 공공기관이 개별적으로 민간 광고회사와 직접 계약을 체결해서 독자적으로 광고를 시행하는 분권형 방식이다. 다른 하나는 영국, 프랑스, 일본처럼 정부광고와 정부PR을 중앙부처 한 곳에서 종합적으로 조정하고 통합적으로 관리하는 중앙집권형 방식이다. 영국의 정부소통청(GCS), 일본의 내각공보실, 프랑스의 정부공보처(SIG)가 중앙집권식 방식을 운용하는 부처다.

우리나라의 정부광고 제도는 기본적으로는 유럽의 중앙집권형에 가까우면서도 약간은 다른 독특한 제도이다. 해외 주요 국가의 정부광고 운용 현황을 보면 우리나라와 같은 단독 대행 체제는 아니지만, 단독 대행 효과를 보장할 수 있는 장치를 법과 제도로 보장했다. 영국, 일본, 프랑스 등은 정부의 중앙부처에서 정부광고를 종합적으로 조정하고 통합적으로 관리하는 체계를 유지한다(영국의 GCS, 프랑스의 SIG, 일본의 내각공보실 등). 국가별로 주관 기구와 매체 사용 측면에서 어느 정도의 차이는 있지만, 완전 분권식인 미국과 영국 및 일본 같은 중앙집권식 제도에서도 경쟁 프레젠테이션을 거쳐 민간 광고회사를 활용한다는 점에서는 세 나라 모두가 동일하다. 즉, 세 나라에서는 민간 광고회사의 참여를 제도적으로 거의 보장하고 있는데 비해, 우리나라에서는 광고 물량에 따라 민간 광고회사의 참여가 부분적으로 제한되고 있다.

　그동안 각 나라에서는 정부광고의 메시지 효과를 높이기 위해 민간 광고회사의 참여 기회를 늘리기 위해 노력했다. 민간 광고회사에 정부광고를 위임하면 정부광고의 주체는 큰 틀에서 정책 방안을 결정하고 광고회사의 전문가들은 정부광고 시행의 효율성을 높일 수 있다는 기대감 때문이었다. 정부광고 집행 방식을 살펴보면 나라마다 차이가 있고 각각의 장단점이 있다. 우리나라를 비롯해 미국, 영국, 일본의 정부광고 제도에서 장단점을 비교하면 〈표 1-2〉와 같다.

〈표 1-2〉 **국가별 정부광고의 장단점 비교**

구분	장점	단점
한국	• 민간 광고회사보다 저렴한 수수료율 • 정부광고의 창구 단일화로 정부 부처의 예산 절감 효과 및 거래 질서 확립 • 각 언론기관의 정부기관에 대한 광고 강요 및 과다 유치 경쟁 최소화 • 매체사가 광고를 사전협의 없이 게재하고 광고비를 요구하는 무의뢰 광고 방지에 기여 • 정부기관의 기밀 보안 유지 • 수수료 수입의 환원을 통한 사회적 순기능	• 독점의 법률적 정당성 취약 • 정부광고 독점으로 인한 기업의 자유와 권리 제한 • 광고 기획 및 제작을 위한 조직의 전문성 부족
미국	• 분권형 광고 집행방식을 통한 업무의 효율성과 개별 부처의 경쟁력 제고 • 정부와 광고업계의 긴밀한 상호협조하에 정부광고의 역할 분담 • 경쟁 PT를 통해 경쟁력 있는 광고회사 선정	• 광고 집행 창구의 다원화로 인한 정부기관의 기밀 누설 가능성 • 개별적인 매체 구입으로 가격 절감 효과를 기대하기 어려움
영국	• 광고자문위원회(ACA) 설치를 통한 정부광고 집행의 전문성 및 투명성 유지 • 매체 구입 창구의 단일화를 통한 업무 효율성 및 예산절감 효과 • 경쟁 PT를 통한 민간 광고회사 활용 • 광고 외 다양한 마케팅 커뮤니케이션 가능	• 중앙집권식 매체 구입 업무 통제를 통한 부처별 매체집행의 자율성 침해 • 매체 구입과 광고 제작의 분리 운영으로 캠페인의 일관성 유지와 광고효과의 극대화 어려움
일본	• 내각공보실의 광고 예산 관리를 통한 정부광고의 안정적인 집행 • 각 정부기관이 매체를 공동으로 이용하도록 제도화시켜 매체 집행 용이 • 민간 광고회사의 참여를 어느 정도 제도적으로 보장	• 중앙집권식 광고 업무 통제를 통한 개별 부처의 자율성 침해 • 정부시책 광고와 공익광고의 집행이 정부와 광고업계 간에 분리되어 실시 • 공공 광고기구와의 긴밀한 교류 없음

출처: 김병희(2019); 심성욱, 김유경(2013); 최일도, 허웅(2012).

우리나라 정부광고 제도의 장점은 민간 광고회사보다 정부광고 수수료율이 저렴하다는 점, 정부광고의 창구 단일화로 정부 부처의 예산 절감 효과가 있다는 점, 정부광고의 거래 질서를 확립했다는 점, 정부기관에 대한 언론기관의 광고 강요를 방지했다는 점, 과도한 광고 유치 경쟁을 최소화했다는 점을 꼽을 수 있다. 그리고 매체사가 사전에 협의 없이 광고를 게재하고 사후에 광고비를 요구하는 무신탁 광고를 방지했다는 점, 정부기관의 기밀을 지키고 보안을 유지했다는 점, 정부광고 수수료 수입의 환원을 통해 사회적 순기능을 발휘했다는 점도 우리나라 정부광고 제도의 장점이다. 그러나 정부광고를 독점 대행하는 문제는 법률적 정당성에도 불구하고, 지속적으로 비판의 대상이 되어 왔다. 정부광고법이 탈규제와 독점의 해소라는 시대적 흐름에 역행하는 요소를 지니고 있다는 비판이 대표적인데(이시훈, 2021; 이희복, 홍문기, 2020), 독점 문제를 해결하려면 정부광고 업무를 위탁받는 수탁 기관을 복수로 개선해야 한다는 것이다.

미국 정부광고 제도의 장점은 분권형 광고 시행 방식이므로 업무 효율성이 높다는 점, 개별 부처의 경쟁력을 높인다는 점, 정부와 광고업계의 긴밀한 상호 협조로 정부광고의 역할을 분담한다는 점, 경쟁 프레젠테이션을 통해 경쟁력 있는 광고회사를 선정한다는 점을 꼽을 수 있다. 이에 비해 광고 시행 창구의 다원화로 인해 정부 기밀이 누설될 가능성이 있다는 점, 각 부처에서 광고를 노출할 매체를 개별적으로 선정하기 때문에 가격 절감 효과가 미약하다는 점은 미국 정부광고 제도의 단점이다.

영국 정부광고 제도의 장점은 정부 부처를 대신할 광고자문위원회(ACA)를 설치해 정부광고 시행의 전문성과 투명성을 유지한다는 점, 광고를 노출할 매체 구입 창구를 단일화시켜 업무 효율성을 높이고 예산을 절감한다는 점, 경쟁 프레젠테이션을 실시해 민간 광고회사를 활용한다는 점, 광고 이외의 다양한 마케팅 커뮤니케이션 활동이 가능하다는 점이다. 이에 비해 중앙집권식으로 매체를 구입한다는 점, 업무 통제를 통해 개별 부처의 매체 시행 자율성을 침해한다는 점, 매체 구입과 광고 제작을 분리함으로써 캠페인의 일관성을 유지하기 어렵고 광고효과가 약화될 수 있다는 점은 영국 정부광고 제도의 단점이다.

일본의 정부광고 제도의 장점은 내각공보실의 광고 예산 관리를 통해 정부광고를 안정적으로 시행할 수 있다는 점, 정부 기관에서 매체의 공동 이용을 제도화시켜 매체 집행을 용이하게 하고 비용 대비 효과를 보장한다는 점, 민간 광고회사의 참여를 제도적으로 보장했다는 점이다. 이에 비해 중앙집권식으로 광고 업무를 통제해 개별 부처의 자율성을 침해한다는 점, 정부시책 광고와 공익광고의 시행을 정부와 광고업계 간에 분리한다는 점, 공공 광고기구와 긴밀한 교류가 이루어지지 않는다는 점은 일본 정부광고 제도의 단점이다.

정부광고의 유사 개념

정부PR과 정부광고

정부PR은 정부나 행정기관이 정책 수행과 직간접으로 관련되는 공중 집단과의 관계를 관리하는 커뮤니케이션 활동이다. 광고와 PR은 모두 의도적인 목적으로 진행하는 설득 커뮤니케이션이라는 공통점이 있다. 정부PR이 국민의 이해를 구하는 동시에 국민의 의견을 수렴해 정책에 반영하기 위한 양방향 커뮤니케이션이라면, 광고는 정책을 알리기 위해 시행하는 일방향 성격의 설득 커뮤니케이션이라는 점에서 차이가 있다.

과거에는 정책 수용자를 정부기관이 제공하는 정보를 수동적으로 받아들이는 존재로 간주했지만, 오늘날에는 정부가 제공하는 정보만이 아니라 수용자 스스로 수많은 정보를 습득하는 능동적 존재가 됐다. 공중은 공공기관의 정책에 대해 자신들의 의견을 적극적으로 표출하므로, 정부기관은 공중의 의견과 활동에 즉각 반응해야 한다. 이렇게 볼 때 정부PR은 정책 입안 단계부터 국민의 의견을 수렴하고 반영해 국민들의 이해와 지지를 구하며 공중과의 관계에 가장 역점을 두고 진행되는 커뮤니케이션 활동이다. 정부PR의 표적 공중은 상대적으로 명확하고 소규모지만, 정부광고의 표적 공중은 일반국민이 대상인 경우가 많다는 점에서 차이가 있다.

정부광고를 정부PR을 위한 하나의 수단으로 인식하는 경우도 있다. 정부광고를 PR의 산출물(output)로 보거나 여러 프로그램(광고, 온라인 매체, 퍼블리시티, 이벤트 및 행사, 홍보물, 정부 매체)의 하나로 간주하는 견해도 있다(차희원, 김영욱, 신호창, 2005). PR 전공자의 관점에서 정부광고를 정부PR과 유사하거나 정부PR의 하위 개념으로 인식했지만, 정부광고를 정부PR의 맥락에서 접근하는 것은 바람직하지 않다. 정부PR의 목표는 정부 정책을 공중에게 알려 공중이 정부 정책을 이해하게 함으로써 정책에 대한 공중의 지지를 확보하고 정부기관과 공중 사이의 양방향 커뮤니케이션을 도모하는 데 있다. 그러나 정부광고의 목표는 특정 기간 동안에 정부 정책에 대한 국민들의 태도 변화, 다시 말해서 광고효과를 높이는 데 있다. 따라서 정부광고와 정부PR은 접근 방법부터 다르다(김병희, 2019).

공익광고

국제광고협회(IAA)에서는 공익광고(public service advertising)를 일반 대중의 지배적인 의견을 수용해 사회경제적으로 대중에게 이로운 활동을 지원하거나 시행할 것을 권장하는 커뮤니케이션으로 정의해 왔다. 한국방송광고진흥공사에서는 공익광고를 인간 존중의 정신을 바탕으로 사회 및 공동체의 발전을 위한 의식개혁을 목표로, 제반 사회문제에 초점을 맞춰 국민들의 태도를 공공의 이익을 지향하는 모습으로 변화시키는 설득 커뮤니케이션으로 정의한다. 휴머니즘, 공익성, 범국민성, 비영리성, 비정치성이 공익광고의 기본 이념이다. 이렇게 볼 때 공익광고는 특정 집단의 이익을 배제하고 전체 구성원의 이익을 위한 메시지를 통해 공익에 대한 올바른 태도를 형성하고, 행동 변화를 지향하며, 공익적 차원에서 국민들에게 사회문제에 대한 관점이나 태도를 변화시키려는 목적에서 시행하는 비영리적 광고이다.

공익광고와 정부광고는 국민을 대상으로 국민들의 인식과 태도변화를 목적으로 광고를 한다는 점에서 유사한 측면이 있다. 또한 공익광고와 정부광고는 모두 공중의 복지 증진이라는 근본적인 목적과 여러 광고 수단을 활용한다는 점에서 동일하다. 그러나 공익광고는 일반적으로 민간조직이 주도해 공공 재원을 활용해 이루어지는 광고인 반면, 정부광고는 정부예산을 활용해 국가적 주요 사안과 관련된 내용을 알린다는 점에서 차이가 있다. 공익광고가 국민들의 의식이나 태도를 공공의 이익에 부합하는 방향으로 변화시키는 데 주된 목적이 있다면, 정부광고의 목적은 정부의 정책 시행을 추진하기 전이나 그 과정에서 정책에 대한 국민의 인지도와 지지도를 높이는 데 있다.

정치광고

우리나라의 정치광고는 1992년의 제14대 대통령 선거 때부터 본격적으로 도입돼 선거 캠페인 과정에서 중요한 홍보 수단으로 부각됐다. 정치광고는 선거 캠페인과 관련된 의제의 방향과 범위를 규정하고 후보 이미지를 형성함으로써 투표 행동에 영향을 미치기 위한 커뮤니케이션이다. 다시 말해서, 정치광고란 선거에 출마한 후보자나 정당이 유권자들의 정치적 신념, 태도, 행동에 영향을 미칠 수 있는 대중매체를 통해 정치적 메시지를 전달하는 커뮤니케이션 과정이다(김병대, 2020). 정당이나 후보자는 유권자들과 직접 접촉할 기회를 얻어, 미디어를 통해 유권자의 정치적 신념, 태도, 행동에 영향을 미치기 위해 정치광고를 한다.

일반적으로 정책 소통은 정부가 시행하는 정책에 대한 정보, 아이디어, 태도를 전달하기 위해 설립된 기관의 활동을 의미한다. 정치광고와 정부광고는 이러한 정책 커뮤니케이션을 수행한다는 점에서는 유사하다. 정치광고는 선거에 따라 목표 공중이 달라진다. 그렇지만 대통령 선거에서의 정치광고나 정당 광고는 전 국민이 대상이라는 점, 국민에게 직접적인 정보를 제공한다는 점, 설득에 초점을 맞춘다는 점, 수용자가 광고를 접하기 전에 정당이나 후보자에 대한 선입을 갖는다는 점에서는 정부광고와 유사한 측면이 있다.

그러나 정치광고는 선거라는 정치적 이슈 직전에 시행된다는 시기의 문제, 그리고 광고효과를 선거를 통해 확인할 수 있다는 점에서 정부광고와는 차이가 있다. 정부광고는 선거 여부와 관계없이 정부의 정책 추진 과정에서 시행하며 광고효과를 선거 결과처럼 명료하게 파악하기 어렵다. 정치광고는 또한 국민들에게 특정 정당이나 후보자에 대한 투표 행동을 유발하기 위해 시행하지만, 정부광고는 국민의 행동 유발보다 정책에 대한 지지 의사를 높인다는 약간은 추상적인 효과를 기대한다는 점에서 차이가 있다.

정부광고주와 정부광고의 목적

현행 정부광고법에서 규정하고 있는 정부광고주는 정부기관과 공공법인이다. 정부광고의 광고주는 「정부조직법」 제2조 제2항에서 명시한 중앙행정기관의 각 원, 부, 처, 청, 국과 그 산하기관, 도청소재지에 소재하는 지방자치단체와 시·군 단위의 지역 행정기관을 말한다. 더불어 정부광고 광고주의 하나로 '국영기업체'를 지정하고 있는데, 이는 「정부투자기관 예산 회계법 시행령」 제1조에 규정한 "정부투자기관과 중앙행정 각 원, 부, 처, 청, 국의 지휘감독을 받고 있는 특별법인"을 말한다. 정부광고법에서 규정하고 있는 정부기관은 「정부조직법」과 「지방자치법」 및 「지방교육자치에 관한 법률」에 따른 국가기관, 지방자치단체, 특별 지방자치단체, 교육감, 하급 교육행정 기관을 의미한다. 그리고 공공법인은 「공공기관의 운영에 관한 법률」과 「지방공기업법」에 따른 공공기관, 지방공기업, 특별법인을 가리킨다.

정부광고주들은 지향하는 커뮤니케이션 목표와 현재의 상

황 그리고 광고 예산에 따라 정부광고의 목적을 다르게 설정할 수밖에 없다. 정부기관과 공공법인에 따라서도 정부광고의 목적이 다를 것이다. 정부광고의 세세한 목적을 모두 나열하기 어려운 상황에서, 광고학계에서 일반적으로 적용하는 광고효과 모형을 정부광고에 적용해도 무리가 없다. 광고물이 노출된 이후 인식의 변화를 거쳐 행동에 이르기까지의 단계를 거쳐 광고효과가 나타난다는 위계적 효과 모형(Hierarchy of Effects Model)을 정부광고의 목적에도 적용할 수 있다(Lavidge & Steiner, 1961). 이 모형에 따라 정부광고의 목적을, 일반 공지, 정보 제공, 인식 변화, 행동 유발 같은 네 가지로 분류할 수 있다. 예컨대, 국가기관에서는 '행동 유발'과 '인식 변화' 목적의 광고가 더 많을 수 있고, 지방자치단체에서는 '일반 공지' 목적

〈표 1-3〉 정부기관과 공공법인의 광고 목적

		광고 목적			
		일반 공지	정보 제공	인식 변화	행동 유발
정부 기관	국가기관				
	지방자치단체				
	특별 지방자치단체				
	교육감				
	하급 교육행정기관				
공공 법인	공공기관				
	지방공기업				
	특별법인				

의 광고가 현저히 많을 수 있다. 그리고 공공기관에서는 '일반 공지'와 '행동 유발' 및 '정보 제공' 목적의 광고가 골고루 필요할 수 있다(이희준, 조창환, 김병희, 손영곤, 김연진, 2017). 광고 주체인 정부기관과 공공법인의 광고 목적을 〈표 1−3〉과 같이 설정해볼 수 있다.

이 밖에도 정부에서 국민들과의 소통을 시도하는 방법은 정부광고에 국한되지 않고 다양한 방식으로 전개되고 있다. 보도자료 배포, 대통령이나 고위 공직자들의 연설, 소셜미디어 이용 등 여러 형태로 국민들과의 소통을 전개할 수 있다. 그러나 이익 집단의 부상이나 정치에 대한 관심도가 낮아지면 보다 직접적인 방식으로 소통해야 하는데, 대표적인 소통 수단이 정부 정책을 알리는 정부광고다. 정부광고를 하는 목적은 일반 공지, 정보 제공, 인식 변화, 행동 유발이라는 광고효과 차원에서의 네 가지 목적 외에도, 일반적인 차원에서도 세 가지의 궁극적인 목적이 있다.

첫째, 정부광고의 궁극적인 목표는 정부 정책과 사업에 대한 국민의 이해와 협조를 구하는 데에 있다. 정부광고는 정부 정책을 국민에게 직접 알릴 수 있는 효율적인 수단이다. 정부 정책에 대한 정보를 국민에게 제공하는 것은 민주 정치의 기본이지만, 정부광고를 통해 국민을 계도하려는 의도가 지나치면 오히려 역효과가 나기 때문에 국민의 자발적인 참여를 유도해야 한다. 따라서 국민에게 정보를 전달하고 국민의 반응을 정책에 반영하는 양방향 소통을 가능하게 하는 매개체 역할을 하는 정부광고의 기능이 중요하다.

둘째, 정부광고의 궁극적인 목표는 정부 정책과 사업에 대한 국민의 알 권리를 실현하는 데에 있다. 정부광고에 제시된 정부 정책과 사업에 국민이 적극적으로 참여한다면 국민의 신뢰를 보다 폭넓게 얻을 수 있다. 만약 정부 정책에 대해 잘못 알고 있는 국민이 있다면 정부광고를 통해 그릇된 정보를 바로 잡을 수도 있다. 정부광고는 정부의 정책 서비스에 대해 국민 모두에게 동등한 접근권을 제공해야 하며, 정부와 국민 간에 정책의 수용도를 높이는 동시에 공통의 목표 가치를 확산하는 데 기여해야 한다.

셋째, 정부광고의 궁극적인 목표는 정부의 정책 형성과 시행 단계에서 수월성(秀越性)을 높이는 데에 있다. 정책의 형성 단계에서 국민에게 정책의 내용을 정부광고를 통해 상세히 알림으로써 국민 모두의 관심을 유발하는 동시에 정책에 대한 여론의 추이를 살펴볼 수 있다. 정책의 결정 단계에서는 정책의 타당성을 정부광고를 통해 알림으로써 결정한 정책에 대한 국민의 지지를 구하고 참여를 촉구할 수 있다. 정책의 시행 단계에서도 정부광고를 통해 정책의 가치와 혜택을 국민과 폭넓게 공유할 수 있다.

정부광고의 역사와 대행 제도

정부광고가 지나온 역사

역대 정부에서는 국정과 관련된 효과적인 커뮤니케이션을 수행하기 위해 이를 전담하는 별도 조직을 구성해 운영해 왔다. 우리나라에서는 1948년에 공보처로 시작해서 1956년에 공보국, 1961년에 공보부, 1968년에 문화공보부에서 정부광고를 담당하도록 전담 조직이 변천해 왔다. 1990년에 문화공보부에서 분리돼 다시 공보처가 신설됐고, 1998년에 공보처를 폐지한 후 공보실로 바뀌었다가 1999년 5월에 대통령령 제16328호에 의해 국정홍보처로 재편됐다. 국정 상황을 정확히 알리고 국정에 대한 다양한 여론을 수집하고 분석해 국정에 반영하는 것이 민주국가를 확립하기 위한 전제 조건이기에, 민주주의가 완전히 정착하지 못한 우리나라의 현실에서 국정홍보처의 기능은 매우 중요했다.

그러나 권위주의적이고 관료주의적인 정치문화로 인해 정부의 대국민 홍보는 국민을 계도의 대상으로 보고 집권세력 혹은 정부의 논리를 강요하거나 일방적 주장으로 여론을 조작하려 한다는 비판을 받아 왔다(김영욱, 2010). 국민의 의사를 존중하고 여론을 정책에 반영하는 민주주의 측면에서나 양방향 소통을 통해 우호적인 공중관계를 형성하는 PR의 측면에서나, 정부의 논리를 강요하는 일방적 주장은 국민 정서와 상당한 거리감이 있었다. 이후 2008년 2월에 정부조직법이 개정됨에 따라, 문화관광부와 정보통신부의 일부와 통합시켜 문화체육관광부로 개편되는 등 일련의 변천 과정을 거쳐 오늘날에 이르렀다.

우리나라의 정부광고는 「정부광고 시행에 관한 국무총리훈령」(국무총리훈령 제102호, 1972. 3. 4., 제정)(국무총리훈령 제120호, 1974. 5. 11., 일부개정)에 따라 시행됐다. 이 훈령의 '제2조 정의'를 보면, 정부광고를 정부기관인 중앙행정 각 원, 부, 처, 청, 국과 그 산하기관인 도청 소재지의 지방자치단체, 시, 군 단위 지역의 행정기관과 국영기업체인 정부투자기관이 각종 홍보 매체를 이용해 국내외에 알리기 위해 시행하는 일체의 유료 고지 행위로 정의했다. 이 정의에 따르면 정부 및 관련 기관에서 시행하는 모든 광고가 정부광고다.

우리나라에서 사용되는 정부광고의 보편적인 개념은 김영삼 정부 시절이던 1997년에 공보처에서 발행한 『광고행정백서』의 내용이 두루 원용되고 학계의 보편적인 지지를 얻어 왔다. 이 백서에서는 정부광고를 "중앙행정기관, 지방자치단체, 정부투자기관 및 일부 특별 법인이 일정한 효과를 야기하고자 관념과 정보의 전달 서비스에 관한 메시지를 매체를 통하여 유료로 전달하는 일체의 광고 행위"로 정의했다(공보처, 1997). 하지만 정부광고가 현실적으로 매우 복잡한 양상을 띠고 있어, 이 정의만으로 정부광고의 모든 것을 설명하기 어렵다. 『광고행정백서』에서는 정부광고를 일반 상업광고와 달리 비상업적 광고의 영역으로 분류했다. 정부광고는 행정광고, 시책홍보광고, 의견광고, 긴급쟁점광고, 공공 봉사광고(공익광고), 상품 및 서비스 광고 같은 여섯 가지의 세부 유형으로 분류하는 것이 보편적이다(최일도, 허웅, 2012).

「정부광고 시행에 관한 규정」(국무총리훈령 제541호, 2009. 10. 6., 일부개정)에서, 제2조의 정의를 보면 '정부기관'을 「정부조직법」 제2조 제2항에서 명시한 중앙행정기관(각 원, 부, 처, 청, 국과 그 산하기관), 도청 소재지에 소재하는 지방자치단체와 시·군 단위의 지역 행정기관으로 정하고, '공공법인'은 「공공기관의 운영에 관한 법률」 제4조 제1항에 따라 지정된 공공기관과 '지방공기업법'에 따른 지방공기업 및 특별법에 따라 설립된 법인으로 명시했다. 이 훈령의 제2조 제3항에서는 '광고'를 국내외에 알리기 위해 홍보 매체에 의뢰해 시행하는 일체의 유료 고지 행위로 정의했다.

우리나라의 정부광고는 현재 광고주체(광고주)를 대신해 한국언론진흥재단(www.kpf.or.kr)에서 독점적으로 대행하고 있다. 정부광고 대행 제도의 시행 근거는 국무총리훈령 제102호(1972. 3. 4., 제정), 제120호(1974. 5. 11., 일부개정), 그리고 「정부광고 업무 시행지침」(문화체육관광부 2007. 12. 28.)에서 찾을 수 있다. 정부광고의 독점적 대행 제도는 예산 절감과 정부광고의 효율성을 제고한다는 취지로「정부광고 시행에 관한 국무총리 훈령」제102호가 제정·공포됨으로써 시작됐다(1972. 3. 4). 우리나라에서는 1972년 이후 국무총리훈령에 근거해 정부광고 제도를 운영해 왔다.

정부에서는 이를 계기로 1972년 3월 10일 '한국홍보협회'를 새로 설립하고 이 협회에 정부광고 대행 업무를 위임했다. 1976년 1월, 한국홍보협회는 법인 명칭을 '한국국제문화협회'로 변경해 정부광고 업무를 계속했으며, 1984년 7월부터 4년 6개월 동안에는 한국방송광고공사(KOBACO: 한국방송광고진흥공사의 전신)가 정부광고 대행 업무를 위탁받아 수행했다.

그렇지만 한국방송광고공사에서는 방송 광고만을 취급해야 하는데 정부의 인쇄 매체 광고가 포함돼 법률적으로 문제가 되자 정부광고 대행 업무는 1989년 2월 1일을 기점으로 다시 한국국제문화협회로 환원됐다. 1991년 12월, 한국국제문화협회가 해산됨에 따라 1992년 1월부터는 '한국프레스센터'가 정부광고 대행 업무를 맡게 됐다. 그 후 1999년 1월, 한국프레스센터, 한국언론연구원, 한국언론인금고 같은 언론 3단체가 '한국언론재단'으로 통합돼 1999년부터 2010년 1월까지 한국언론재단이 정부광고를 대행했으며, 2010년 2월 한국언론재단이 '한국언론진흥재단'이란 새 이름으로 재출범한 이후 현재까지 정부광고를 대행하고 있다.

현재 국내의 정부광고는 한국언론진흥재단에서, 해외의 정부광고는 국제방송교류재단에서 대행한다. 대행 매체의 범위는 방송, 온라인(인터넷), 신문, 잡지, 옥외광고 등이다. 「정부광고 업무 시행지침」은 여러 차례의 개정 과정을 거치며 현실에 맞게 변화돼 왔다(국무총리훈령 제102호, 1972. 3. 4., 제정)(국무총리훈령 제120호, 1974. 5. 11., 일부개정)(국무총리훈령 제541호, 2009. 10. 6., 일부개정)(국무총리훈령 제541호, 2013. 12. 12., 일부개정). 2014년 1월 1일부터 시행된 국무총리훈령의 마지막 개정안의 주요 내용은 다음과 같다. 즉, 「정부조직법」「지방자치법」「공공기관의 운영에 관한 법률」「지방공기업법」에 의거해, 여러 정부기관의 광고를 문화체육관광부장관이 지정하는 광고 요청 기관(한국언론진흥재단)에 대행하도록 해야 한다는 「정부광고 업무 시행지침」에 따라 시행해야 한다는 것이다. 또한, 한국ABC협회의 전년도 발행부수 검증에 참여한 신문과 잡지에 정부광고를 우선 배정하도록 명시했다는 점이 주목할 만하다.

그럼에도 불구하고 정부광고가 국무총리훈령에만 근거해 시행됨 따라 정부기관에서 정부광고를 자의적으로 시행한다는 문제가 제기됐다. 그리고 통일성과 일관성을 확보하기 위한 법적 근거를 마련함으로써 정부광고를 시행할 때 공정성과 투명성을 더욱 보편적으로 확보할 필요가 있었다.

정부광고법 제정의 배경

2016년 7월 7일, 노웅래 국회의원이 「정부기관 및 공공법인 등의 광고 시행에 관한 법률」(안)을 발의함으로써(의안번호 726), 정부광고는 훈령에서 법안으로 도약할 결정적인 계기를 맞이했다. 이 법안은 2016년 11월 16일에 제8차 교육문화체육관광위원회에 상정됐고, 11월 22일에 제2차 문화체육관광 법안심사 소위원회의 심의를 거쳤다. 법안 소위에서는 의원실과 교문위 전문위원 및 문화체육관광부의 협의를 통해 수정안을 마련하도록 요구했다. 2017년 2월 16일, 의원실과 교문위 전문위원 그리고 문화체육관광부의 협의를 통해 초안에 대한 수정안을 마련했다. 수정안의 주요 내용은 쟁점 사항에 대한 일부 조항을 삭제하고 수정하는 것이었다.

"정부광고 시행 심의위원회 설치, 홍보 매체 간의 형평성 등을 고려한 홍보 매체 선정, 복수의 검증기관 지정 고시" 부분을 삭제하고, "▶정부광고를 우선 배정받고자 하는 신문 및 잡지 경영자의 신고 의무를 문화체육관광부장관의 자료 요구로 완화하고, ▶정부기관 등의 유사 정부광고 금지에 대해 단서 조항(홍보 매체에 협찬 받은 사실을 고지하거나 방송법상 협찬고지의 경우에는 예외)을 신설"하는 것으로 수정했다.

수정안은 2017년 11월 21일에 문화체육관광 법안심사 소위원회의 심의에 상정됐지만, 광고의 편향적 배분 가능성이나 정부광고에 민간의 참여를 제한할 수 있다는 우려 때문에 '보류'로 결정됐다. 2018년 3월 21일에는 문화체육관광 법안심사 소위원회의 심의에 다시 상정돼 수정 가결이 이루어졌다. 수정 내용은 광고 업무 위탁기관의 자격제한 단서조항(법안 제10조 제1항 단서조항)을 삭제하라는 것이었다. 각 조항에 대한 다양한 논의가 계속된 가운데 2018년 5월 28일에 법제사법위원회와 국회 본회의를 통과했다.

마침내 2018년 6월 12일에 정부광고법이 공포됐고, 2018년 12월 13일부터 정부광고법이 시행됐다(법률 제15640호). 이에 따라 정부광고주들은 「정부기관 및 공공법인 등의 광고시행에 관한 법률」(정부광고법)과 시행령 및 시행규칙에 따라 정부광고를 시행하도록 규정했다. 한국언론진흥재단 광고 기획팀에서도 문화체육관광부장관의 승인을 받아 '정부광고 업무 규정'을 마련했다. 2018년부터 시행한 정부광고법의 기대 효과를 크게 네 가지로 정리할 수 있다.

첫째, 정부광고에 대한 법적 근거를 마련하고 공정성과 투명성을 확보했다는 점이다. 국무총리훈령을 근거로 시행됨에 따라 정부기관(특히 행정부) 내에서 정부광고를 자의적으로 시행하는 경우가 있었는데 그런 관행을 막고, 통일성과 일관성을 확보할 수 있는 법적 근거를 마련한 것이다. 정부광고법 제14조에 따라, 정부광고의 시행 내용을 국회(국민)에 보고함으로써 광고 시행의 공정성과 투명성을 확보할 수 있게 됐다.

둘째, 전문기관 지정 등 정부광고 효율성을 제고할 근거가 마련됐다는 점이다. 정부광고법 제1조에 따라, 정부광고의 통합적 관리를 통해 광고 시행의 효율화나 할인 효과(예산의 절감) 등의 효과성을 증진하고, 궁극적으로 정부광고의 질적 향상을 도모할 수 있다. 나아가 정부광고법 제10조에 따라, 정부광고 전문기관을 지정해 광고효과와 효율성을 높이는 동시에 공정하고 투명한 절차로 운영할 수 있게 됐다.

셋째, 정부광고의 질서를 확립할 수 있게 됐다는 점이다. 정부광고법 제6조 제2항에 따라, 발행부수, 유가부수(신설) 등을 신고·검증·공개한 매체를 대상으로 정부광고를 우선 집행해 시행의 투명성을 제고할 수 있게 됐다. 그리고 정부광고법 제9조 및 제13조에 따라, 정부기관 등의 법 준수를 위해 유사 정부광고 금지(다만 홍보 매체에 협찬받은 사실을 고지하거나 방송법상 협찬고지의 경우에는 예외) 및 정부광고법 위반 기관(자)에 대한 '시정 조치'로 질서를 확립할 수 있게 됐다.

넷째, 정부광고 대행 수수료 수입의 공적 환원을 수행할 근거가 마련됐다는 점이다. 정부광고법 제10조 제3항에 따라, 신문, 인터넷신문, 인터넷뉴스서비스사업자, 뉴스통신, 잡지, 방송, 광고 진흥 등 미디어 진흥을 위한 공적 분야에 정부광고 수수료를 합법적으로 사용할 수 있게 됐다. 그럼에도 불구하고 정부광고 대행 수수료 집행과 관련하여 지속적으로 비판 의견이 제기되고 있고 이에 대한 민간 광고회사의 체감 정도도 높지 않기 때문에(이희복, 홍문기, 2020), 정부광고 대행 수수료가 어떠한 목적으로 어떻게 활용되고 있는지에 대한 공정성과 투명성을 확보하는 문제가 시급하다.

정부광고법의 제정은 정부광고의 개념이나 매체 대행에 대한 명확한 규정 없이 진행돼 온 과거의 관행에서 벗어나 정부광고 문제를 최초로 법제화했다는 데에 의미가 있다. 정부광고법이 제정되기 이전의 정부광고는 1972년에 만들어진 국무총리 훈령 제102호「정부광고 시행에 관한 건」에 의존했다. 2009년 일부 개정되고 문화체육관광부가 자체적인 업무 시행지침을 마련해 놓기는 했지만, 정부광고의 뼈대 자체가 박정희 정부 시절에 만들어졌고, 그 기준에 따라 21세기 대한민국의 모든 정부광고가 시행됐던 것이다. 이에 따라 정부기관에서는 훈령을 제대로 인지하지 못한 상태에서 정부광고를 편의상 시행하는 사례도 많았고 그 규모도 상당했다(최지혜, 최일도, 김병희, 2019). 정부광고법의 제정에도 불구하고 정부광고의 시행에 있어서 정부광고 시행 창구를 문화체육관광부로 일원화한 조치에는 변함이 없었다. 정책홍보의 공공성과 효율성, 그리고 세금 사용의 투명성 확보가 중요했기 때문이었다. 정부광고법의 제정은 훈령이 법안을 대신할 만큼의 구속력을 갖지 못했던 현실을 법안으로 대체했다는 엄청난 변화였다.

정부광고의 대행 현황

정부광고를 효과적이고 효율적으로 운영하기 위해 현재 국내의 모든 정부광고는 한국언론진흥재단에서, 해외의 정부광고는 국제방송교류재단에서 위탁 대행하고 있다. 정부광고 창구의 일원화는 2018년 12월 13일부터 정부광고법이 시행되면서 본격화됐다. 대행 매체의 범위는 방송, 온라인(인터넷), 신문, 잡지, 옥외광고 등인데, 광고 매체 부문을 상세히 설명하면 이렇다. 방송 매체에는 텔레비전(지상파, 종합편성채널, 케이블), 라디오, DMB 광고들이 해당되며, 인쇄 매체에는 신문과 잡지의 광고가 해당된다. 또한 인터넷 매체에는 포털, 인터넷 신문, 모바일, SNS 광고가 해당되며, 옥외 매체에는 교통(버스, 지하철, KTX), 전광판, 극장, 야립 광고가 해당된다. 현재 「정부광고 업무 시행지침」은 한국언론진흥재단의 홈페이지(www.kpf.or.kr)에서 확인할 수 있다.

언론 관련 유사기관을 통합시켜 2010년에 한국언론진흥재단으로 재출범한 이후, 정부광고 대행 업무에 있어서 여러 가지 변화가 이루어졌다. 정부광고의 신탁액, 수수료, 수수 건수 측면에서 정부광고 물량이 대폭 증가했다. 정부광고 신탁금액은 해마다 증가해 왔고, 건수 기준으로도 정부광고 물량이 계속 증가해 왔다. 정부광고 신탁 금액에서 지방행정기관과 공공기관의 정부광고 대행에 따른 신탁금액의 규모가 가장 많은 것으로 보고되고 있다(한국언론진흥재단 GOAD, 2023b).

디지털 미디어가 발달해 디지털 커뮤니케이션 환경이 보편화되면서 정부광고 대행에도 변화가 나타났다. 정부광고 대행 현황을 매체별로 살펴보면 2012년에 인쇄 매체와 방송 매체가 전체 정부광고 신탁금액의 거의 70%를 차지했지만, 2020년 이후에는 그 비율이 50%대로 하락했다. 특히 인쇄 매체는 2012년의 전체 정부광고 신탁액의 40%가 넘었지만 2020년 이후에는 전체 신탁액의 20% 이하로 줄어들었다. 반면에 인터넷을 이용한 정부광고는 2012년 전체 정부광고 신탁액의 8.6%에 불과했으나 2020년 이후에는 25% 이상으로 급증했다. 즉, 미디어 소비행태나 미디어 환경의 변화에 맞춰 정부광고의 노출 매체도 인쇄 매체나 옥외 매체는 감소한 반면에, 디지털 미디어 중심으로 시행 패턴이 변화해 왔다(한국언론진흥재단 GOAD, 2023c)

정부광고를 실시하는 매체의 범위도 법적으로 규정돼 있다. 정부광고를 위한 매체로는 「신문 등의 진흥에 관한 법률」에 따른 신문, 인터넷신문, 인터넷뉴스서비스, 「잡지 등 정기간행물의 진흥에 관한 법률」에 따른 정기간행물, 「방송법」에 따른 방송, 「옥외광고물 등의 관리와 옥외광고산업 진흥에 관한 법률」에 따른 옥외광고물, 「방송통신발전 기본법」에 따른 방송통신, 「뉴스통신 진흥에 관한 법률」에 따른 뉴스통신, 「인터넷 멀티미디어 방송사업법」에 따른 인터넷 멀티미디어 방송 및 그 밖에 문화체육관광부장관이 지정하는 매체로서 이와 유사한 국내외의 매체를 포함한다.

정부광고의 시행 체계

한국언론진흥재단의 정부광고 대행은 정부광고주(국가행정기관, 지방자치단체, 공공기관, 지방공기업 및 특별법인)와의 상호 신뢰를 바탕으로, 별도의 계약서를 작성하지 않고도 '정부광고 의뢰서'만 제출하면 광고를 의뢰하고 시행할 수 있다. 정부광고의 보다 구체적인 시행 절차는 다음과 같다. 즉, ① 광고주체(광고주)의 사전 광고 계획 수립, ② 정부광고 의뢰서의 작성, ③ 정부광고 의뢰서의 접수, ④ 매체 선정 및 지면과 시간대의 확보, ⑤ 광고 단가의 조정 및 제작 시안의 제시, ⑥ 광고료의 청구 및 지불 과정을 거치면 정부광고의 시행 절차가 완료된다. [그림 1-2]에서 정부광고의 시행 절차를 일목요연하게 확인할 수 있다.

정부광고법이 제정됨에 따라 광고를 시행하려는 정부광고주는 사전에 한국언론진흥재단과의 상담 절차를 거쳐야 한다. 광고주가 사전 상담을 통해 광고 매체와 단가를 결정한 다음, 정부광고 요청서를 작성해 제출한다. 광고 의뢰는 광고주가 충분한 사전 컨설팅을 거친 후에 정부광고 요청서를 작성해 수탁기관인 한국언론진흥재단으로 제출하면 업무가 개시된다. 이에 따라 한국언론진흥재단이 정부광고주의 요청에 따라 홍보

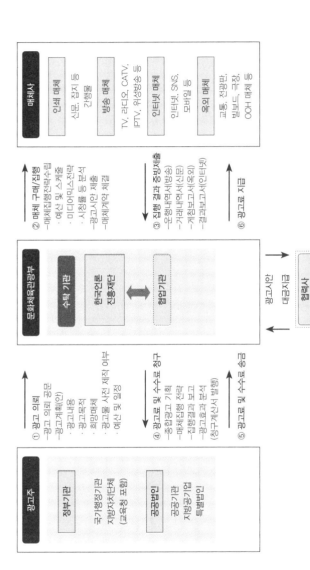

광고주

정부기관
국가행정기관
지방자치단체
(교육청 포함)

공공법인
공공기관
지방공기업
특별법인

문화체육관광부

수탁 기관
한국언론
진흥재단

협업기관

매체사

인쇄 매체
신문, 잡지 등
간행물

방송 매체
TV, 라디오, CATV,
IPTV, 위성방송 등

인터넷 매체
인터넷, SNS,
모바일 등

옥외 매체
교통, 전광판,
빌보드, 극장,
OOH 매체 등

① 광고 의뢰
- 광고 의뢰 공문
- 광고계획(안)
 · 광고내용
 · 광고목적
 · 희망매체
 · 광고물 사전 제작 여부
 · 예산 및 일정

④ 광고료 및 수수료 청구
- 종합광고 기획
- 매체집행 전략
- 집행결과 보고
- 광고효과 분석
(청구계산서 발행)

⑤ 광고료 및 수수료 송금

② 매체 구매/집행
- 매체집행(단가수립)
 · 예산 및 스케줄
 · 미디어믹스전략
 · 시청률 등 분석
- 광고시안 제출
- 매체계약 체결

③ 집행 결과 증빙제출
- 운행내역서(방송)
- 거래내역서(신문)
- 결과보고서(옥외)
- 결과보고서(인터넷)

⑥ 광고 지급

광고시안
대금지급

**협력사
(대행사)**
(민간)
광고 제작사,
대행 업역

[그림 1-2] 정부광고의 시행 절차도

정부광고의 역사와 대행 제도

매체를 선정하고, 매체의 구매와 시행 업무를 수행하게 된다. 이 과정에서 광고물 제작과 총 광고비 10억 원 이상의 종합적 광고를 집행할 때는 민간 광고회사와 협업할 수 있다.

　민간 광고회사와 협업을 추진할 때는 수탁 기관인 한국언론진흥재단과 반드시 사전에 협의해야 한다. 광고 집행의 결과를 확인하고 효과를 분석하는 절차는 이렇다. 즉, 한국언론진흥재단이 매체사로부터 광고 집행 결과보고서를 받아 광고주의 요청과 계약 내용에 따라 집행됐는지 확인하고 광고주에게 제출하면, 광고주는 광고 집행 결과보고서의 내용을 확인하면 된다. 그 다음에 정산 등의 사후 절차를 밟게 되는데, 한국언론진흥재단은 광고주에게 광고료와 수수료(광고료 위수탁 및 수수료)를 청구하고 정부광고주는 광고료와 함께 수수료를 지급한다.

　모든 광고가 그렇듯이 정부광고에서도 사전에 광고 계획을 체계적으로 수립해야 한다. 한국언론진흥재단을 통해 집행되는 정부광고는 광고 수행주체(예: 국가행정기관, 지방자치단체, 공공기관, 공공기업 및 특별법인)의 광고 목적(예: 행정, 시책홍보, 의견, 긴급쟁점, 공익, 상품 및 서비스)에 따라 여섯 가지의 세부 영역 중 어디에 해당되는 것인지 전략적으로 판단할 필요가 있다. 더욱이 디지털 미디어 시대에 정부광고의 효과를 높일 수 있는 매체가 무엇인지, 주어진 광고 예산을 바탕으로 어떻게 하면 최적의 효과를 기대할 수 있는지, 미디어 믹스(media mix) 전략을 체계적으로 수립해야 한다.

특히 정부광고의 효율성은 민간 광고와는 달리 노출 빈도나 수용자의 태도 변화만으로 측정하기 어려운 측면이 있다. 정부광고의 주체인 정부, 지자체, 공기업을 유형별로 구분하고 각각 정부광고의 목적과 정책적 기대 효과가 광고 집행 과정에서 단계별로 가시적으로 드러날 방안을 제시해야 한다. 특히 정부광고의 유형별 특성을 고려한 미디어 믹스 전략은 정부광고의 효율성을 높이고 미디어 간의 시너지 효과를 극대화하는 데 기여한다. 더욱이 정부광고의 효과에 대한 의구심이 증폭되는 상황에서는 정부광고의 효율성을 가늠할 수 있는 합리적 논의구조와 과학적인 미디어 플래닝 전략이 마련돼야 정부광고를 효율적으로 집행할 수 있다.

정부광고주는 '정부광고 의뢰서'를 작성해 한국언론진흥재단에 접수해야 한다. 정부광고 의뢰서에는 광고 내용, 게재 희망 매체, 게재 요청일, 광고 규격, 소요 예산을 양식에 알맞게 기술해야 한다. 광고주체(광고주)의 광고 의뢰에서 광고의 집행과 광고비 청구에 이르기까지 모든 과정이 간편하게 이루어진다. 광고를 의뢰하기 전에 한국언론진흥재단의 담당자와 사전 상담을 거쳐 광고 의뢰서를 제출해야 한다. 지상파 텔레비전용 광고(15초, 20초, 30초)의 경우에는 최소한 광고 집행 전월 10일 전까지, 신문광고의 경우에는 최소 3일 전에 정부광고 의뢰서를 발송하면 정부광고를 비교적 원활하게 집행할 수 있다. 광고비 청구는 금융결제원의 트러스빌(www.trusbill.or.kr) 전자 세금계산서로 이루어진다.

정부광고 총괄 대행의 장단점

한국언론진흥재단에서 정부광고를 총괄 대행하는 문제에 대해 그동안 여러 측면에서 다양한 논의가 이루어졌다. 해를 거듭할수록 중요해지고 있는 정부광고를 한국언론진흥재단이 총괄 대행하는 제도와 관련하여, 제도의 장점과 단점에 대해 상당한 논의가 이루어졌다. 한국언론진흥재단에서 정부광고를 총괄 대행함으로써 기대할 수 있는 장점을 정리하면 다음과 같다(김병희, 2019).

첫째, 정부광고를 총괄 대행하면 정부광고 업무의 효율성을 높일 수 있다는 점이다. 정부광고는 법정 시한을 준수해 긴급히 집행해야 하는 경우가 많다. 긴급한 상황에서 광고료의 가격 협상이나 매체 계획을 수립할 시간적 여유가 충분하지 않기 때문에, 예산을 집행하는 과정에서 어떤 문제가 발생할 가능성도 있다. 취급 건수 기준으로 봤을 때 정부광고 전체 물량의 78% 정도가 5백만 원 미만짜리 정부광고인데(최지혜, 최일도, 김병희, 2019), 실무자들이 정부광고 업무를 수행하는 데 쓰는 시간은 5억 원 이상 규모의 정부광고 업무를 수행하는 데 쓰는 시간과 거의 비슷하다.

예컨대, 10억 원짜리 광고 1건을 처리하는 데 한 사람이 투여하는 시간이나 500만 원짜리 광고 1건을 처리하는 시간은 동일하다는 현실도 정부광고 집행을 일원화해야 한다는 논리적 근거를 제시한다. 심지어 같은 정부기관에서도 과 단위로 광고 예산을 집행하기 때문에 광고 주체가 모호해지는 경우도 있다. 이에 따라 창구를 단일화시키면 정부광고 업무의 효율성을 높이고 광고 집행 과정을 원활히 조정할 수 있다. 나아가 정부광고를 시행할 때 광고비의 규모에 관계없이 별도의 계약서를 작성하지 않고 '정부광고 의뢰서' 하나로 광고 대행 계약을 맺으면 더욱 신속히 광고를 집행할 수 있을 것이다.

둘째, 정부광고를 총괄 대행하면 정부광고 예산을 절감할 수 있다는 점이다. 정부광고의 주체인 중앙 행정부처에서는 광고 예산을 별도로 책정하지 않고 단위 사업별 예산에 광고비를 포함시키는 경우가 대부분이다. 단위 사업에 포함된 광고 예산은 광고 매체의 일반적인 광고 단가보다 낮은 수준에서 책정되는 경향이 있다. 이때 책정된 예산으로 광고효과를 높이려면, 정부광고 예산이 충분하지 않은 구조적 한계를 비영리적 차원에서 설명하며, 현실적인 맥락에서 가격 협상에 임할 수 있는 공익적 대행 기관이 존재해야 한다.

더욱이 우리나라의 광고 요금 체계는 매체사에서 제시한 기준으로 운용돼 합리적이지 않을 때가 많다. 예컨대, 신문 광고비에서는 공식적인 광고 단가표가 있어도 그대로 적용되는 사례는 드물고, 상황이나 여건에 따라 신축적으로 운용되고 있다(최일도, 정미정, 2017). 신문 광고비의 책정은 그날 신문의 지면 상황이나 광고 물량의 집중 여부에 따라, 이른바 '네고(negotiation, 협상)'하는 방식으로 운용되고 있다. 따라서 국민의 세금으로 운영되는 정부광고 예산을 절감하려면 정부광고 대행 창구를 단일화시켜 총괄 대행 방식으로 운영해야 한다는 논리다.

셋째, 정부광고를 총괄 대행하면 광고 대행 수수료가 저렴해진다는 점이다. 민간 광고회사는 방송(지상파 TV, 케이블 TV, 라디오)에 집행 금액에 따라 11~13%의 매체 대행 수수료를 지불하고, 인쇄(신문, 잡지), 온라인(인터넷), 옥외(버스, 지하철 등 옥외 및 기타 매체) 매체에 대해서는 15~20%의 매체 대행 수수료를 지급한다. 그렇지만 한국언론진흥재단에서 정부광고를 대행할 경우에는 4개 매체 모두에 일괄적으로 10%의 수수료를

〈표 1-4〉 광고대행 수수료의 체계

구분		한국언론진흥재단 수수료	민간 회사 수수료
매체 대행 수수료	지상파 TV, 라디오, 인터넷, 모바일	광고주로부터 일괄 10%	집행 금액에 따라 8~11% (약 11%)
	CATV, 신문, 잡지		15~20%
	버스, 지하철 등 옥외, 기타		15~30%
제작 대행 수수료	모든 광고물	수수료 없음	17.65%

출처: 최지혜, 최일도, 김병희(2019).

지급한다. 민간에서 대행할 때보다 대행 수수료가 대폭 낮아지는 셈이다. 〈표 1-4〉에서 광고대행 수수료의 체계를 구체적으로 확인할 수 있다.

제작물 수수료와 관련해서도 민간 광고회사는 제작비의 17.65%를 제작 대행 수수료로 지불하지만, 한국언론진흥재단에서 대행할 경우에는 수수료를 지불하지 않는다. 정부광고법에 따라 한국언론진흥재단이 징수하는 수수료와 관련된 문제는 공익적 측면에서 접근할 것인지, 아니면 산업적 관점에서 접근할 것인지의 문제로 귀결된다(최일도, 최지혜, 이희복, 2019). 결국 한국언론진흥재단에서 정부광고를 대행하면 민간 광고회사에서 대행할 때에 비해 광고 대행 수수료가 매체별로 5~10% 정도 저렴하다는 점은 공익적 측면에서 접근한 결과라 할 수 있다. 이 밖에도 매체사를 설득하고 광고비를 협상하는 과정에서 한국언론진흥재단은 더 저렴한 비용으로 광고를 집행할 수 있다. 나아가 한국언론진흥재단은 광고료를 신속히 결제하기 위해 현금 결제 시스템을 통해 1개월 이내에 결제함으로써 정부광고 대행 업무의 효율성을 높이고 있다.

넷째, 정부광고를 총괄 대행하면 정부광고 대행 수수료의 수입 전액을 언론계로 환원할 수 있다는 점이다. 일반 상업광고의 대행 수수료는 민간 광고회사의 이윤으로 귀착되고 공공에 환원되지 않는다. 그렇지만 한국언론진흥재단에서 정부광고를 대행하면 대행 수수료가 언론진흥기금으로 다시 출연된다.

대행 수수료 수입은 기자 교육, 연구 조사, 세미나, 국제 언론 교류, 뉴스 저작권 사업 같은 언론 활성화를 위한 공익사업에 다시 활용된다.

한국언론진흥재단에서 정부광고를 대행하면 재단 운영비를 제외한 거의 모든 대행 수수료가 공익사업에 활용된다. 그렇지만 정부광고를 민간 광고회사에서 대행할 경우에는 그러한 공익사업을 시도할 수 없을 것으로 예상된다. 나아가 한국언론진흥재단에서 정부광고를 총괄 대행하면 다양한 사회적 이슈에 대해 여러 정부기관이 공동으로 대처하면서 정부광고를 통한 공공 커뮤니케이션을 적극적으로 전개할 수 있다는 점도 정부광고 총괄 대행의 순기능이라고 해석할 수 있다.

01 정부광고의 특성과 변천

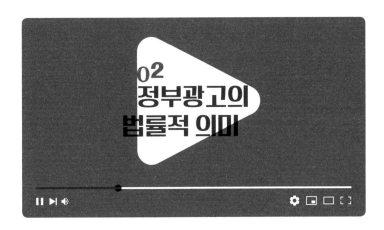

정부광고의 목적(정부광고법 제1조)

정부광고법 제정의 취지

> **【법률】 제1조(목적)** 이 법은 정부광고에 관한 사항을 규정함으로써 정부광고의 효율성 및 공익성 향상에 이바지하는 것을 목적으로 한다.

　정부광고법 제1조에 이 법은 정부광고의 효율성과 공익성 향상을 목적으로 한다고 명시하고 있다. 정부광고법을 제정한 취지의 핵심은 공정성과 투명성이다. 정부광고 시행에 대한 법적 기준을 강화해 정부광고에 대한 공정성과 투명성을 높이고 제도 운영에 대한 문제점을 보완하기 위해,「정부기관 및 공공기관 등의 광고시행에 관한 법률안」을 제정했다. 정부광고는 국민의 세금으로 집행되기 때문에, 정부기관 및 공공법인 등이 매체를 통해 집행하는 홍보 예산을 국회에 보고해 공정성과 투명성을 확보해야 한다는 것이다. 나아가 정부광고를 관장하는 전문기관을 지정해 정부광고를 통합적으로 관리함으로써 정부광고의 효율성과 공익성 향상에 기여하는 것이 중요하다는 취지였다.

정부광고법의 주요 내용

정부광고법은 정부기관 등이 홍보 매체에 정부광고를 하려고 할 경우에는, 어떻게 진행해야 하는지 그 지침을 알려 주는 내용이 주요 골자이다. 정부광고주가 반드시 알아야 할 법이다. 즉, 정부기관 등의 장이 홍보 매체에 정부광고를 하려고 할 경우에 소요 예산, 내용, 광고물 제작 여부 등 정부광고에 필요한 사항을 명시한 소관 업무에 대해 문화체육관광부장관에게 미리 요청해야 한다(제5조).

문화체육관광부장관은 정부기관 등으로부터 정부광고를 요청받았을 때 정부기관 등의 의견을 먼저 고려하되, 광고의 목적과 국민의 보편적 접근성 등을 판단해 홍보 매체를 선정해야 하며(제6조), 홍보 매체를 선정하는 데 필요한 전체 발행부수나 유가 판매부수 등의 자료를 신문이나 잡지를 경영하는 사업자에게 요청할 수 있다(제7조).

또한 문화체육관광부장관은 정부광고 업무를 대통령령으로 정하는 기관이나 단체에 위탁하도록 하고 있다(제10조). 이에 따라 문화체육관광부장관은 시행령 제6조에 따라 정부광고 업무를 한국언론진흥재단에 위탁하고 있다. 요약하면, 정부기관 등의 정부광고주가 정부광고를 홍보 매체에 시행하고자 할 경우에는 문화체육관광부장관으로부터 정부광고 업무를 위탁받은 수탁 기관인 한국언론진흥재단에 미리 요청해야 한다는 내용이 이 법의 주요 골자이다.

정책홍보의 업무 효율화(법적 함의1)

정부광고의 효율성을 높이기 위해 정부광고법 제10조 및 시행령 제6조에 따라 한국언론진흥재단을 단일 수탁 기관으로 지정하고 있다. 이는 정부광고 대행업무 영역을 일원화시켜 업무적 통일성과 일관성을 확보하기 위해서이다. 수탁 기관 일원화를 통한 정부광고 업무 효율성을 논의하려면 광고시장에서의 광고대행사(agency)에 대한 이해가 선행돼야 한다. 광고시장에서 업무 영역은 광고주(구매자)와 그 업무를 대신하는 광고대행사(agency), 매체사(판매자)와 매체의 광고 시간 등을 대신 판매하는 판매대행사(media representative)로 구분할 수 있다. 여기에서 수탁 기관인 한국언론진흥재단은 광고대행사 (agency)의 역할을 하게 된다.

　정부광고주의 광고대행사로서 한국언론진흥재단은 광고전략 수립과 기획, 매체계획 수립, 매체 구매 대행 등의 업무를 수행한다. 민간 영역을 포함해 모든 광고주가 광고대행사를 이용하는 이유는 종합적인 광고전략 수립과 더불어 체계적인 매체계획 등의 서비스가 필요하기 때문이다. 사적 영역에서 각기 다른 브랜드가 다른 광고대행사를 이용하는 것은 각각 상이한 브랜드 가치나 메시지 또는 크리에이티브 방향성이 존재하기 때문이다. 그러나 정부광고주의 경우에는 각각이 개별 기관이지만 결국에는 정부로 귀결된다. 이런 관점에서 봤을 때, 광고 대행사를 일원화하면 종합적으로 정책 홍보의 일관성을 유지할 수 있고 정부광고를 보다 체계적으로 집행할 수 있게 된다. 더불어 정부광고 영역에서만큼 한국언론진흥재단은 일반 광고 대행사에 비해 우월한 매체 협상력을 바탕으로 정부광고를 보다 신속하게 집행할 수 있다는 장점이 있다.

　한 가지 더 짚어볼 대목은 공공 분야에서의 광고 업무 효율성이란 궁극적으로 공익을 실현하는 데 있다는 사실이다. 국무총리훈령을 법으로 격상시켜 제정한 배경은 정부광고 대행 업무의 연속성과 효율성 등을 고려한 것이다. 법을 차질 없이 시행해 정부기관에 대한 매체사의 무분별한 광고 수주, 무계약 광고의 게재, 과도한 광고 강요 행위를 억제할 뿐만 아니라, 정부광고를 일괄적으로 대행함으로써 광고 계약 과정에서의 부패 가능성을 방지하기 위한 취지가 강했다. 예산 집행을 투명하고 공정하게 관리함으로써 공익적 목적에 부합하게 정부광고를 집행할 수 있도록 한 것이다.

더불어 언론사들의 정부기관에 대한 광고 강요 행위나 과다한 광고 유치 경쟁을 최소화하고, 매체사에서 광고를 사전에 협의 없이 게재하고 광고비를 요구하는 무신탁 광고를 방지하는 효과도 기대할 수 있다. 지방행정기관의 경우에는 광고 강요 행위나 광고 유치 경쟁이 특히 과도한 실정이다. 정부광고법에서는 매체를 통해 집행하는 정부광고는 모두 문화체육관광부장관에게 미리 요청하도록 하고 있으므로, 정부기관 등의 홍보 실무자가 무신탁 광고 등의 매체사 요구에 대응할 수 있는 법적 근거가 마련됐다고도 할 수 있다. 따라서 법적 정부광고 대행 기관인 한국언론진흥재단은 광고 거래 질서를 유지하고 과다 경쟁을 방지하는 역할을 수행해야 한다.

정부광고는 특성상 법정 시한에 따라야 하는 광고나 긴급을 요하는 경우가 빈번하기 때문에 가격 협상이나 매체 계획을 수립할 시간적 여유마저도 없을 때가 많다. 예산을 충분히 확보하기 어려운 현실과 예산 집행 절차의 경직성도 고려해야 한다. 따라서 정부광고 업무 수행의 효율성을 높이는 동시에 공익성을 담보하기 위해서는 정부광고 대행 창구를 통합적으로 운영하는 것이 불가피한 측면도 있다.

정부광고법은 효과적이고 효율적인 정부광고 집행을 위해 제정되었음에도 불구하고 여전히 이해관계자들 간에 이견이 있는 것도 사실이다. 논의의 방향은 정부광고 업무의 단일화를 통한 정부광고의 효과와 효율성 증대에 미치는 영향, 정부광고를 둘러싼 다양한 이해관계자들의 의견 조율, 정부광고 수탁기관으로서 한국언론진흥재단의 역할과 책임을 명확하게 해야 한다는 것으로 집약된다. 특히, 한국언론진흥재단의 역할과 관련하여, 정부광고의 질적 수준을 높이기 위해서는 어떻게 해야 하는지, 그리고 정부광고 수탁기관으로서의 역할을 강화하기 위해서는 한국언론진흥재단이 무엇을 어떻게 해야 하는지의 문제가 제기되고 있다(김병희, 손영곤, 2022a)

정부의 업무를 별도의 특정 기관이나 단체에 위탁해 한국언론진흥재단처럼 일괄적으로 대행하는 사례는 조달청이 대표적이다. 조달청은 공공기관에 필요한 물품과 공공 시설물을 국내외에서 조달하고 공급해 중앙 조달을 통한 경제적 조달을 실현하고 있다. 조달 사업과 관련한 대행 업무를 수행하는 수수료는 수요 기관으로부터 받고 있다(「조달사업에 관한 법률」 제6조). 특히 나라장터(국가종합전자조달 시스템)를 운영하고 관리해 공공기관의 입찰 정보를 통합적으로 공고하는 등 공공 전자조달의 단일창구(single window) 역할을 수행하고 있다. 즉, 조달청은 한국언론진흥재단을 통한 정부광고의 대행 시스템과 매우 유사한 구조를 띠고 있다.

한국언론진흥재단은 공공기관의 정부광고에 필요한 전략 및 매체 구매 서비스를 공급하고, 광고 대행에 대한 수수료를 정부광고주로부터 받는다. 또한, 한국언론진흥재단은 정부광고 통합지원시스템 고애드(GOAD)[1]를 통해 정부광고주에게 필요한 정부광고 업무의 모든 과정을 온라인으로 처리하고, 처리 과정과 처리 결과를 실시간으로 확인할 수 있는 업무 시스템을 구축함으로써, 정책 홍보와 공공 커뮤니케이션의 단일 창구이자 허브 역할을 수행하고 있다(한국언론진흥재단 GOAD, 2023a).

조달청에서는 실제로 조달 업무 처리에서 창구를 일원화하고 전자 시스템을 도입해 생산성과 효율성을 획기적으로 높였다. 전자 조달을 도입하자 1인당 계약처리 건수는 3.5배 이상 증가했고 지문인식 전자입찰 등을 통해 불법 전자입찰을 원천적으로 차단했다. 온라인 중심의 업무 처리로 투명성 및 청렴도가 올라가 조달 청렴도가 해마다 상승하는 효과를 얻었다. 나라장터를 구축해 프로세스를 개선함으로써 입찰에 응하는 업체들의 관청 방문 비용을 줄이는 등 연간 8조 원 상당의 조달 거래 비용을 절감했고 업무 절차도 간소화시켰다. 이처럼 정부광고법에 따라 수탁 기관을 일원화하면 정부광고 업무의 효율성을 제고하는 효과를 기대할 수 있다.

---

1) 정부광고통합지원시스템 GOAD(https://www.goad.or.kr/hp/comm/main.do)에 접속하면 된다.

정부광고의 공익성 제고(법적 함의2)

정부광고의 목적은 정부광고를 통해 공익성 혹은 공익적 가치를 환기하는 데 있다. 정부광고를 통해 보다 많은 국민에게 공익적 메시지를 전달하고 그 메시지에 대한 공감대를 형성함으로써 정부광고의 공익성을 달성할 수 있다. 그런데 정책 소통에서의 가장 큰 문제점은 정책 과정은 물론 정책의 내용 자체도 정책을 집행하는 시점에 이르러서야 비로소 국민들에게 알려진다는 사실이다(최일도, 이재호, 2014). 정책 과정에 대한 학술적 논의는 연구자에 따라 차이가 있지만 대체로 ① 정책 의제 설정, ② 정책 결정, ③ 정책 집행, ④ 정책 평가의 순으로 이루어진다.

그런데 실질적으로 국민들이 정보를 전달받는다고 느끼는 시점은 세 번째 단계인 '정책 집행'인 것으로 나타났다(최일도, 이재호, 2014). 정책 결정 과정을 일반 국민에게 공개하기 어려운 국가 기밀과 연계된 정책을 제외하면 정책 홍보의 대국민 커뮤니케이션 체계에 문제가 있다고 볼 수 있다. 정부 정책은 기획 초기부터 국민들과의 의사소통 속에서 진행돼야 한다. 이것이 민주주의 사회에 공통으로 적용되는 논리다. 정부 정책을 집행하는 시점에 이르러서야 정책에 대한 정보가 국민에게 전달된다면 많은 국민들이 정책 과정에서 자신이 배제됐다고 느낄 수밖에 없다.

대국민 정책소통의 효과를 높이기 위해서는 전 국민에게 꼭 알려야 하는 주요 정책별로 정책의 의제 설정부터 평가에 이르기까지 통합적으로 관리할 수 있는 대국민 소통 커뮤니케이션의 컨트롤타워가 필요하다. 정책을 기획하는 초기부터 설계와 집행 등 모든 과정을 전략적으로 컨설팅하고, 홍보 활동 이후에 어떠한 효과가 있었는지를 검토함으로써 정책의 환류가 가능하도록 관리해야 한다. 결국, 정책 과정에서 홍보 효과를 높이려면 정책의 수명과 효과에 대한 관리 체계를 탄탄하게 마련해야 한다.

　정부광고법에서는 대국민 정책소통의 커뮤니케이션 효과를 높여 공익성을 제고할 사항을 규정하고 있다. 먼저 제3조에서는 정부광고의 예산 절감과 효과성 증진을 위한 국가의 책무에 대해 규정했다. 제3조 제1항은 계획 수립 등 행정상의 지원 조치를 강구하도록 하고, 제2항은 정부광고를 요청하기 전에 정부광고에 대한 연간 계획을 수립하도록 했다. 이 조항은 정부광고를 집행하기 전부터 홍보를 위한 전략 수립을 장려하는 것이다. 이렇게 하면 정책소통 과정에서의 중요한 문제점인 정보 전달 시점도 어느 정도 해소할 수 있다. 정책을 기획하는 초기부터 국민과의 의사소통을 어떻게 할 것인지 전반적인 정책 과정에서의 홍보 실행 계획을 수립할 수 있기 때문이다.

　물론 모든 정부 정책에 대해 연간 계획을 세부적으로 수립하는 데에는 무리가 따르며, 반드시 그렇게 할 필요는 없다. 다만, 각 기관별로 중요한 비중을 두는 정책이나 사업 영역에 있어서는 컨설팅 과정을 거쳐 효과적인 홍보 기획을 체계적으로 수립하라는 의미를 담고 있다. 홍보를 효과적으로 하는 것이야말로 정부광고 영역에서 공익성을 높일 수 있는 방안의 하나다. 정부광고는 국민의 혈세를 써서 정부의 다양한 정책에 대한 정보를 국민에게 알리는 대국민 소통 수단이기 때문이다.

같은 맥락에서 정부광고법 제6조에서는 "광고의 목적"과 "국민의 보편적 접근성 보장" 등을 고려해 홍보 매체를 선정하도록 규정하고 있다. 국민들이 홍보 매체에 보편적으로 접근해 정부광고의 목적인 정책 정보를 인지할 수 있도록 하라는 취지도 정부광고의 공익성에 관련되는 조항이다. 따라서 매체의 형평성을 고려해 정부광고의 노출 매체를 선정해야 한다는 일부 언론의 주장은 정부광고법의 주요 취지인 정부광고의 공익성 향상에 배치되는 주장이라고 하겠다. 정부광고는 정부의 정책 메시지를 효과적으로 국민에게 전달하기 위한 수단의 하나다. 정부광고 예산은 언론사에 골고루 분배해야 하는 언론 지원금의 성격이 아닌 것이다. 효과가 없는 매체에 광고를 해야 할 이유는 없다. 한국언론진흥재단의 정부광고 실무자들은 인쇄 매체의 발행부수, 유가부수, 예비공사 등의 자료와 방송 매체의 시청률, 청취율, 인터넷 매체의 방문자 수 같은 다양한 자료를 정부기관 등에 제공함으로써, 정부광고주가 효과적인 홍보 매체를 선택할 수 있도록 참고 자료를 제공하고 있다.

정부광고법의 기대 효과

정부광고법의 첫 번째 기대 효과는 정부광고에 대한 법적 근거가 마련됨으로써 정부광고 집행의 공정성과 투명성을 확보하는 데 있다. 정부광고법 제14조에서는 연간 집행된 정부광고 내역을 5월 31일까지 국회에 보고하도록 명시하고 있다.

두 번째 기대 효과는 전문기관을 지정해 정부광고의 효율성을 제고하는 데 있다. 정부광고를 통합적으로 관리함으로써 광고 집행을 효율화하고 매체비 할인 효과 같은 효과성을 증진하는 동시에 궁극적으로 정부광고의 질적 향상을 모색할 수 있다. 정부광고법에서는 정부광고 대행 전문기관을 지정해 업무의 효율성을 높이고 공정하고 체계적인 절차에 따라 운영하도록 명시했다.

세 번째 기대 효과는 정부광고 집행에서 거래 질서를 확립하는 데 있다. 정부광고법에서는 발행부수와 유가부수 등을 신고, 검증, 공개한 매체에 정부광고를 우선 집행하도록 하고 있다. 이를 통해 재정 집행의 투명성을 제고하고자 했다(정부광고법 제6조 제2항). 또한, 정부기관 등의 유사 정부광고를 금지하고 정부광고법 위반자에 대한 시정 조치를 통해 정부광고 시장의 거래 질서를 확립하고자 했다. 다만 홍보 매체에 협찬 받은 사실을 고지하거나 방송법상 협찬고지에 해당될 때는 유사 정부광고로부터 예외를 두었고, 협찬고지를 한 경우에는 정부광고의 영역으로 인정함으로써 법에 따라 문화체육관광부장관에게 미리 요청하도록 했다. 정부광고법에서 이렇게 명시한 것은 각종 협찬을 비롯해 광고와의 경계가 점차 모호해지는 여러 가지의 홍보 형태에 대한 음성적 거래를 막고 투명한 절차를 통해 정부광고를 집행해야 한다는 취지에서였다.

네 번째 기대 효과는 정부광고의 대행 수수료 수입을 공적 분야에 다시 사용한다는 데에 있다. 정부광고 수수료는 법에 따라 신문, 인터넷신문, 인터넷뉴스서비스사업자, 뉴스통신, 잡지, 방송, 광고 진흥 등 미디어 진흥을 위해 공적 분야에 사용하도록 하고 있다. 정부광고법에서는 정부광고의 재원이 국민의 세금에서 나오기 때문에 수수료 수입을 모두 공적인 용도로 사용하도록 명시했다.

이상을 요약하면 민간 상업광고와 다르게 작동하는 정부광고의 차별적 의미가 정부광고법에 담겨 있음을 알 수 있다. 정부광고비의 근원은 국민의 세금인 공적 자원에서 나온다. 따라서 정부광고비의 집행 과정에서 그 흐름을 투명화하고 통합적으로 관리함으로써 더 많은 국민에게 혜택이 돌아가도록 해야 한다는 것이다. 이를 위해 ① 정부광고의 구조를 충분히 이해하는 기관을 지정해 통합적으로 관리하게 하고, ② 정부광고의 주요 목적인 대국민 커뮤니케이션을 원활히 전개할 수 있도록 효과적인 매체를 선정하고 업무의 효율화를 지원해야 하며, ③ 관행적 또는 음성적으로 집행되던 유사 정부광고를 금지하고 협찬 사실을 명시하도록 하여 양성화함으로써 정부광고를 보다 투명하고 공정하게 집행하는데 필요한 내용을 정부광고법의 법 조항에 담았다.

정부광고의 정의(정부광고법 제2조)

정부기관 및 공공법인의 적용 범위

【법률】제2조(정의) 이 법에서 사용하는 용어의 뜻은 다음과 같다.

1. "정부기관"이란 「정부조직법」에 따른 국가기관, 「지방자치법」 제2조 제1항 각 호에 따른 지방자치단체 및 같은 조 제3항에 따른 특별지방자치단체, 「지방교육자치에 관한 법률」 제18조에 따른 교육감 및 제34조에 따른 하급교육행정기관을 말한다.
2. "공공법인"이란 「공공기관의 운영에 관한 법률」 제4조 제1항에 따라 지정된 공공기관, 「지방공기업법」에 따른 지방공기업 및 특별법에 따라 설립된 법인을 말한다.

정부광고법 제2조는 정부광고법의 적용을 받는 광고 집행 주체의 범위와 정부광고의 범위를 정의하고 있다. 먼저 법에서 사용하는 '정부기관 등'의 용어는 '정부기관'과 '공공법인'으로 규정하고 있다. 적용기관의 여부가 모호할 경우에는 법제처 등의 유권해석을 거쳐 판단하지만, 법 위반의 소지를 감안해 적용 여부가 모호할 경우에는 먼저 정부광고법을 적용해 정부광

〈표 2-1〉 정부기관 및 공공법인의 구분

구분		개요
정부기관	국가기관	「정부조직법」에 따른 국가기관은 같은 법 제2조부터 제5조까지 정하는 기관, 제14조부터 제17조까지 정하는 대통령 소속 기관, 제20조 및 제21조, 제22조의2에서 제25조까지 정하는 국무총리 소속기관, 제26조의 행정각부 및 소속기관 등을 말한다.
	지방자치단체	「지방자치법」 제2조 제1항 각 호에 따른 지방자치단체는 특별시, 광역시, 특별자치시, 도, 특별자치도, 시, 군, 구, 자치구, 동, 읍, 면, 리와 같은 법 제30조에 따라 지방자치단체에 설치된 지방의회, 같은 법 제113조부터 제121조까지의 행정기관을 말한다.
	특별지방자치단체	「지방자치법」 제3항에 따른 특별지방자치단체는 지방행정에 관한 사무의 공동처리를 위해 설치된 행정협의회, 지방자치단체조합, 지방자치단체의 장 등의 협의체, 경제자유구역청, 교통본부 등을 말한다.
	교육감	「지방교육자치에 관한 법률」 제18조에 따른 교육감은 시·도의 교육·학예에 관한 사무의 집행기관을 말한다.
	하급교육행정기관	「지방교육자치에 관한 법률」 제34조에 따른 하급교육행정기관은 1개 또는 2개 이상의 시·군 및 자치구를 관할구역으로 하는 교육지원청을 말한다.
공공법인	공공기관	「공공기관의 운영에 관한 법률」 제4조 제1항에 따라 지정된 공공기관은 기획재정부장관이 지정·고시된 공기업·준정부기관, 기타공공기관과 소속 본부, 지소, 사무소를 말한다.
	지방공기업	「지방공기업법」에 따른 지방공기업은 같은 법 제5조의 지방직영기업, 제49조의 지방공사, 제76조의 지방공단을 말한다.
	특별법인	특별법에 따라 설립된 법인은 제1호, 제2호를 제외한 공공의 복지 또는 공익을 목적으로 하는 별도의 법률에 의거 설립된 법인을 말한다. 다만, 「고등교육법」 제3조, 「초·중등교육법」 제3조에서 정하는 사립학교는 제외한다.

출처: 한국언론진흥재단 GOAD(2023b).

02 정부광고의 법률적 의미

고를 집행하도록 하고 있다.

적용 예시를 살펴보면 지방의회의 경우는 「정부조직법」상 지자체에 해당되기 때문에, 정부기관에 해당돼 정부광고법을 적용하는 대상 기관으로 판단하게 된다. 국회와 법원 등 헌법기관의 경우에는 정부기관에 해당하지 않아 의무 적용에서 배제된다. 단, 법원 등의 경우에는 대법원 규칙 등을 통해 한국언론진흥재단에 의뢰해 광고를 집행하고 있다. 〈표 2-1〉에서 정부기관 및 공공법인의 구분 내용을 확인할 수 있다.

정부광고의 정의

> **【법률】제2조(정의)** 이 법에서 사용하는 용어의 뜻은 다음과 같다.
> 3. "정부광고"란 정부기관 또는 공공법인(이하 "정부기관 등"이라 한다)이 국내외의 홍보 매체에 광고, 홍보, 계도 및 공고 등을 하기 위한 모든 유료고지 행위를 말한다.

정부광고란 이윤을 추구하는 상업광고와는 달리 정책홍보, 공고, 공공 봉사 등을 목적으로 시행되는 공공 커뮤니케이션 활동이다. 정부광고법 제2조에 따른 정부광고의 영역은 정부광고법의 대상 기관으로 적용되는 정부기관 또는 공공법인이 국내외의 홍보 매체에 광고, 홍보, 계도 및 공고 등을 하기 위한 모든 유료고지 행위가 포함된다. 〈표 2-2〉에서 전통적으로 적용되는 정부광고의 여섯 가지 유형을 확인할 수 있다.

정부광고는 비상업적 홍보 활동으로 정확성, 시의성, 공익성 등을 추구한다는 점이 일반적인 민간 광고와의 차이점이다. 민간 광고는 소비자를 대상으로 상품과 서비스의 판매를 극대화하고 자사의 이윤 추구와 브랜드 이미지를 제고하는 것을 궁극적인 광고 목적으로 설정한다. 그에 비해 정부광고는 국민을 대상으로 정보제공 및 사회적 공익성을 추구하고 공공 분야의 이미지를 개선하고 사회 전반적인 신뢰를 구축하는 데 광고 목적을 둔다. 정부광고는 결국 국민들의 이해, 협력, 지지를 구하는 공공 소통 활동이다.

실무적 맥락에서 정부광고는 한정된 예산 내에서 광고 활동을 전개하며 긴급을 요하는 광고의 비중이 크다는 특성이 있다. 국민의 세금으로 집행되기 때문에 예산을 낭비하는 결과를 초래해서는 안 되며, 한정된 예산 내에서 가장 효율적인 결과를 얻는 것이 정부광고의 공익성을 담보하는 전제 조건이라고 할 수 있다. 하지만 전체 정부광고의 집행 건수에서 80% 정도가 5백만 원 이하의 소액 광고라는 점, 정부광고의 대상 기관의 수가 5천여 개 이상이라는 점, 동일 기관 내에서도 실제 집행은 과(課) 단위로 이루어지므로 실제로는 총 광고주의 수가 만여 개에 육박한다는 점에서(문화체육관광부 미디어정책국, 2021), 정부광고법에서는 공익적 목적을 가지고 정부광고를 효율적으로 집행할 수 있는 단일 기관에서 정부광고 업무를 위탁받아 통합적으로 관리하도록 했다. 수탁 기관은 정부기관 등의 한정적인 예산으로 광고효과를 달성하기 위해 매체사와 비영리적 차원에서의 협상을 지원해야 하며, 업무를 독자적으로 수행하기 어려운 소규모 하급 기관과 5백만 원 미만의 소액 광고에 대한 업무도 지원해야 한다.

정부광고법에서는 정부기관 등이 매체를 통해 유료로 집행되는 모든 홍보 커뮤니케이션 활동을 정부광고의 영역으로 정의하고 있다. 인쇄광고와 방송광고를 비롯해 매체를 통해 집행되는 홍보 활동인 제작협찬 광고는 물론, 광고성 콘텐츠를 제작해 웹을 통해 확산하는 브랜디드 콘텐츠 같은 신유형 광고

〈표 2-2〉 정부광고의 유형

구분	개요
행정 광고	정부·공공광고의 대종을 이루는 것으로서 공시, 공고, 안내, 입찰, 공람, 모집 등 법적 의무조항 광고
시책 홍보	중앙정부나 지방자치단체의 PR 성격이 짙은 것으로 새로운 정책이나 법규, 행정 서비스 등을 추진할 때 이에 대한 국민의 이해와 협력, 지지를 구하며 나아가 정책목표의 원활한 실현을 촉진하기 위한 광고
의견 광고	정부나 지방자치단체의 공식적인 입장을 밝히거나 필요한 의견을 제시하는 광고
긴급 쟁점 광고	돌발적인 사태나 긴급한 상황이 발생했을 때 이에 대한 적절한 대처나 국민들의 이해를 구하기 위한 광고
공익 광고	정책집행을 위한 목적이 아니라 공공의 이익을 위한 광고로 예를 들면 교통, 환경, 질서, 도덕심 함양 등 공익적 성격을 지닌 광고
상품 및 서비스 광고	정부투자기관 및 일부 특별법인의 상품이나 서비스를 광고하는 것으로 일반 상업광고와 그 성격이 유사한 광고

출처: 한국언론진흥재단 GOAD(2023b).

형태도 모두 정부광고에 해당된다. 광고시장에서는 광고와 콘텐츠의 경계가 점점 모호해지고 있다. TV, 신문, 라디오, 잡지 등 레거시 미디어의 광고 지면이나 시간대를 구매해 집행하던 4대 매체 광고 뿐 아니라 신유형 광고가 정부광고의 영역에서도 점차 늘어나는 추세이다. 정부광고법의 취지에 따라 정부기관 등이 집행하는 다양한 광고 형태를 일괄적이고 통합적으로 관리하면, 광고의 효율성을 높이는 동시에 세금 집행의 투명성도 담보할 수 있다.

홍보 매체의 범위

> **【법률】제2조(정의)** 이 법에서 사용하는 용어의 뜻은 다음과 같다.
> 4. "홍보 매체"란 「신문 등의 진흥에 관한 법률」 제2조에 따른 신문·인터넷신문·인터넷뉴스서비스, 「잡지 등 정기간행물의 진흥에 관한 법률」 제2조에 따른 정기간행물, 「방송법」 제2조 제1호에 따른 방송, 「옥외광고물 등의 관리와 옥외광고산업 진흥에 관한 법률」 제2조에 따른 옥외광고물, 「방송통신발전 기본법」 제2조 제1호에 따른 방송통신, 「뉴스통신 진흥에 관한 법률」 제2조 제1호에 따른 뉴스통신, 「인터넷 멀티미디어 방송사업법」 제2조에 따른 인터넷 멀티미디어 방송 및 그 밖에 문화체육관광부장관이 지정하는 매체로서 이와 유사한 국내외의 매체를 포함한다.

정부광고법 제2조에서는 인쇄, 방송, 옥외, 인터넷, 해외 매체 등 광고가 가능한 대부분의 매체를 홍보 매체로 포괄하고 있다. 다만 정부기관 등이 자체적으로 운영하는 매체인 자체

홍보물, 홈페이지, SNS 등은 정부광고법상 홍보 매체에 포함되지 않는다. 예컨대, 정부기관 등이 운영하고 있는 페이스북 페이지에 해당 기관이 시행하고 있는 정책에 대한 홍보 글을 올리는 것은 유료로 매체를 통해 불특정 다수의 국민에게 메시지를 확산하는 것이 아니므로 이에 해당되지 않는다. 다만 해당 페이스북 홈페이지에 올린 글을 확산하기 위해 유료로 광고비를 집행할 때는 정부광고에 해당되며, 이때 SNS는 홍보 매체에 포함된다. 즉, 정부기관 등이 자체 보유하고 있는 매체가 아닌 광고비(매체 비용)가 발생하는 대부분의 매체는 정부광고법의 적용을 받는다고 할 수 있다.

정부광고법 제2조 제4호의 '그 밖에 문화체육관광부장관이 지정하는 매체'는 다음과 같이 기타 광고가 가능한 매체를 포함한다. ①「출판문화산업진흥법」제2조 제3호, 제5호의 간행물, 외국간행물, ②「표시·광고의 공정화에 관한 법률 시행령」제2조 제1호의 전단·팸플릿·견본·입장권 등, ③「공연법」제2조 제2호에 따른 선전물, ④「영화 및 비디오물의 진흥에 관한 법률」제2조 제1호 및 제10호부터 제12호 및 제19호의 영화, 비디오물, 상영관, 디지털 시네마 등, ⑤「문화예술진흥법」제2조 제3호에 따른 문화 시설, ⑥「출판문화산업 진흥법」제2조 제4호의 전자 출판물, ⑦ 그 밖에 정부광고가 가능한 국내외 홍보 매체 등이다.

그리고 홍보 매체는 다음과 같이 구분할 수 있다.

첫째, 인쇄 매체는 ①「신문 등의 진흥에 관한 법률」제2조에 따른 신문, ②「잡지 등 정기간행물의 진흥에 관한 법률」제2조에 따른 정기간행물, ③「출판문화산업 진흥법」제2조 제3호, 제5호의 간행물, 외국간행물, ④「표시·광고의 공정화에 관한 법률 시행령」제2조 제1호의 전단·팸플릿·견본·입장권 등, ⑤ 기타 지면을 활용한 홍보 매체 등이다.

둘째, 방송 매체는 ①「방송법」제2조 제1호에 따른 TV, 라디오, 데이터방송, 이동멀티미디어방송, ②「방송통신발전 기본법」제2조 제1호에 따른 방송통신, ③「뉴스통신 진흥에 관한 법률」제2조 제1호에 따른 뉴스통신(유무선 송수신), ④ 기타 전기통신설비에 의해 송신하는 홍보 매체이다.

셋째, 옥외 매체는 ①「옥외광고물 등의 관리와 옥외광고산업 진흥에 관한 법률」제2조에 따른 옥외광고물로 교통시설 또는 교통수단, 간판·디지털 디스플레이를 이용한 디지털 광고물·입간판·현수막·벽보·전단·포스터, ②「공연법」제2조 제2호에 따른 선전물, ③「영화 및 비디오물의 진흥에 관한 법률」제2조 제1호 및 제10호부터 제12호까지, 제19호의 영화, 비디오물, 상영관, 디지털 시네마 등, ④「문화예술진흥법」제2조 제3호에 따른 문화시설, ⑤ 그 밖에 옥외광고물을 게시하거나 표시하기 위한 시설을 이용한 홍보 매체이다.

넷째, 인터넷 매체는 ①「신문 등의 진흥에 관한 법률」제2조에 따른 인터넷신문·인터넷뉴스서비스, ②「뉴스통신 진흥에 관한 법률」 제2조 제1호에 따른 뉴스통신 간행물, ③「인터넷 멀티미디어 방송사업법」제2조에 따른 인터넷 멀티미디어 방송, ④「출판문화산업 진흥법」제2조 제4호의 전자출판물, ⑤ 그 밖에 컴퓨터 등 정보처리능력을 가진 장치와 통신망을 이용한 홍보 매체이다.

다섯째, 해외 매체는 국내 홍보 매체에 준하는 매체로 해외에 정부광고가 가능한 홍보 매체를 의미한다.

정부광고에 대한 국가 등의 책무(정부광고법 제3조)

정부광고 연간 계획의 수립

【법률】제3조(국가 등의 책무) ① 국가는 정부광고의 예산을 절감하고 효과성을 증진하기 위하여 필요한 계획의 수립 등 행정상 지원조치를 강구하여야 한다.
② 정부기관 등의 장은 정부광고의 시행에 필요한 연간 계획을 제5조에 따라 정부광고를 요청하기 전에 수립하여야 한다.

정부광고법에서는 정부기관 등이 정부광고를 체계적으로 집행하기 위해 매년 기관별로 정부광고 관련 연간 계획을 의무적으로 수립하도록 규정하고 있다. 연간 계획은 필수적으로 포함해야 하는 내용이나, 양식 또는 분량 등에 대해 별도의 규정이 없는 만큼 기관별 특성에 맞게 자율적으로 수립하면 된다.

정부광고의 연간 계획을 수립하도록 한 것은 정부기관 등의 홍보 활동에 대해 제한하거나 규제하기 위한 조치가 아니라, 정부광고의 효율성을 보다 높이고자 하는 의도이므로 별도의 규정 없이 자유롭게 제출하도록 하고 있다. 각 기관마다 시의 적절하게 단발성 홍보 캠페인을 진행할 때도 많겠지만, 해마다 집행하는 주요 캠페인이나 주요 정책에 대한 홍보가 존재한다. 이런 경우에는 그 해에 어느 정도의 예산을 써서 어떤 방향성에 따라 정부광고를 시행하려고 하는지 대강의 계획을 수립한다면, 주요 정책에 대한 전반적인 광고 전략을 중장기적 관점에서 도출할 수 있을 것이다.

정부광고 연간 계획의 지원 사항

【시행령】제2조(정부광고 연간 계획 수립 등의 지원) 문화체육관광부장관은 정부기관 및 공공법인(이하 "정부기관 등"이라 한다)의 장이 「정부기관 및 공공법인 등의 광고시행에 관한 법률」(이하 "법"이라 한다) 제3조 제2항에 따른 연간 계획을 수립하기 위하여 지원을 요청하는 경우 다음 각 호의 지원을 할 수 있다.
1. 정부기관 등이 정부광고를 시행하는 데 필요한 홍보 매체에 관한 자료의 제공
2. 정부기관 등이 홍보 매체 전략을 수립하는 데 필요한 자료의 제공
3. 그 밖에 정부광고의 품질 향상을 위한 지원

정부광고법 제3조 '연간 계획의 수립'과 관련하여 시행령 제2조에서는 문화체육관광부장관은 정부기관 등의 연간 계획을 수립하는 데 지원하도록 하고 있다. 이에 따라 정부기관 등의 연간 계획을 수립하기 위해 문화체육관광부장관으로부터 정부광고 업무 대행을 위탁받은 한국언론진흥재단에서는 이와 관련한 지원 사항들을 요청받아 수행하고 있다. 정부기관 등은 정부광고를 시행하는 데 필요한 홍보 매체에 관한 자료나 정보를 한국언론진흥재단으로부터 제공받을 수 있다. 한국언론진흥재단은 인쇄 매체의 발행부수, 유가부수, 예비공사 자료, 방송 매체의 시청률, 청취율 등을 제공하고, 인터넷 매체의 경우에는 방문자 수와 이용 횟수 등을 제공하며, 그 밖에도 옥외 매체 자료 등 기타 제공할 수 있는 자료들을 정부기관 등에 제공하고 있다.

한국언론진흥재단은 매체에 관한 자료는 물론 정부기관 등이 연간 계획을 수립하는 데 필요한 홍보 매체의 전략 수립에 대한 자료도 제공할 수 있다. 예컨대, 특정 기관에서 연간 예산의 범위에서 대략적인 매체 기획을 의뢰하면 매체 계획 등을 한국언론진흥재단으로부터 제공받을 수 있고, 이를 바탕으로 연간 계획을 수립할 수 있으며, 그 밖에 정부광고의 품질 향상을 위한 지원도 받을 수 있다. 그리고 정부광고 시행에 필요한 대내외 환경 분석, 정부광고 목표 설정, 전략 방향의 설정, 정부광고 시행을 위한 예산 산정, 정부광고의 제작 방향 제안, 정부광고 시행의 효과 분석 같은 자료를 요청하면 한국언론진흥재단에서 제공할 수 있다.

다른 법률과의 관계(정부광고법 제4조)

> **【법률】제4조(다른 법률과의 관계)** 정부기관 등의 정부광고에 관하여 다른 법률에서 특별히 정한 경우를 제외하고는 이 법에서 정하는 바에 따른다.

정부광고법 제4조에서는 정부광고를 집행함에 있어 다른 법률과 특별히 충돌하지 않는 경우에는 정부광고법이 정한 바에 따르도록 규정하고 있다. 정부광고법에 대해 보다 구체적으로 이해하기 위해 정부광고법과 관련된 법규와 비교해 법적 구조를 살펴보자. 현재 정부광고 업무는 문화체육관광부장관이 지정한 수탁 기관인 한국언론진흥재단이 수행하고 있다.

문화체육관광부장관이 한국언론진흥재단을 수탁 기관으로 지정한 이유는 여러 가지가 있겠지만 가장 기본적인 근거는 「대한민국헌법」(이하 헌법)에서 찾을 수 있다. 헌법 제21조 제3항에는 "통신·방송의 시설기준과 신문의 기능을 보장하기 위해 필요한 사항은 법률로 정한다."라고 명시돼 있다. 이는 언론의 기능과 가치를 보장한다는 것을 의미한다. 특히 앞의 조항과 관련하여 필요한 사항은 법률로 정한다고 규정함으

로써, 언론과 관련된 통신·방송 및 신문 등에 대한 법률의 근
거가 되고 있다.

> **【헌법】제21조** ① 모든 국민은 언론·출판의 자유와 집회·결사의 자유를
> 가진다.
> ② 언론·출판에 대한 허가나 검열과 집회·결사에 대한 허가는 인정되지 아
> 니한다.
> ③ 통신·방송의 시설기준과 신문의 기능을 보장하기 위하여 필요한 사항은
> 법률로 정한다.
> ④ 언론·출판은 타인의 명예나 권리 또는 공중도덕이나 사회윤리를 침해하
> 여서는 아니된다. 언론·출판이 타인의 명예나 권리를 침해한 때에는 피
> 해자는 이에 대한 피해의 배상을 청구할 수 있다.

헌법 제21조 제3항에서 전제한 대로 언론과 관련되거나 관
련 산업을 규정하기 위해 제정된 법률은「방송법」「방송통신
발전 기본법」「방송문화진흥회법」「종합유선방송법」「인터
넷 멀티미디어 방송사업법」등을 비롯해「방송광고 판매 등에
관한 법률」, 그리고 언론을 대표하는「신문 등의 진흥에 관한
법률」(이하 신문법) 및 정부광고 업무를 규정한 정부광고법 등
이 있다. 이 중에서 주목할 부분은 정부광고법과 가장 밀접하
게 관련되는 신문법이다. 신문법 제3장을 보면 신문 등의 진흥
을 위해 한국언론진흥재단을 설치하고 운용한다는 내용이 담
겨있다. 신문법 제3장에서 제29조는 한국언론진흥재단 설치의
목적과 취지, 제31조는 재단의 직무, 제32조는 재단 운영에 필

요한 재원 조달 방법을 규정하고 있다.

【신문법】제3장 제29조, 제31조, 제32조(한국언론진흥재단)

제29조(한국언론진흥재단의 설치 등) ① 신문 및 인터넷신문의 건전한 발전과
　읽기문화 확산 및 신문 산업의 진흥을 위하여 한국언론진흥재단을 둔다.
② 한국언론진흥재단은 법인으로 한다.
③ 한국언론진흥재단은 문화체육관광부장관의 인가를 받아 주된 사무소의
　소재지에서 설립등기를 함으로써 성립한다.
④ 한국언론진흥재단에 대하여 이 법에 규정한 것 외에는 「민법」 중 재단법
　인에 관한 규정을 준용한다.
제31조(한국언론진흥재단의 직무) 한국언론진흥재단은 다음 각 호의 직무를
　수행한다.
1. 언론산업 진흥에 필요한 사업
2. 신문의 발행·유통 등의 발전을 위한 사업
3. 한국 언론매체의 해외진출 및 국제교류 지원
4. 제34조에 따른 언론진흥기금의 조성과 관리·운용
5. 언론산업 진흥 등을 위한 조사·연구·교육·연수
6. 문화체육관광부장관이 위탁하는 사업
7. 그 밖에 한국언론진흥재단의 목적 수행을 위하여 필요한 사업
제32조(운영재원 등) ① 한국언론진흥재단의 운영재원은 제34조에 따른 언
　론진흥기금 등으로 하되, 국가는 한국언론진흥재단에 출연하거나 예산의
　범위에서 보조금을 지급할 수 있다.
② 한국언론진흥재단은 대통령령으로 정하는 바에 따라 매년 예산편성의 기
　본방향과 그 규모에 관하여 문화체육관광부장관의 승인을 받아야 한다.

　정부광고법을 이해하는 과정에서 신문법이 중요한 이유는
신문법 제29조 제1항 "신문 및 인터넷신문의 건전한 발전과 읽

　　　　　　　　　　　　02 정부광고의 법률적 의미

기문화 확산 및 신문산업의 진흥을 위해 한국언론진흥재단을 둔다."는 재단의 근거 부분과 제31조 제1호(사업 영역), 제4호 (재원 조성), 제6호(수탁 기관 자격)의 직무와 자격 규정에 있다. 이들 규정은 정부광고법과 정부광고 업무를 수행하는 기관이 한국언론진흥재단인 이유를 설명할 수 있는 근거 조항이기도 하다. 한국언론진흥재단의 설립 근거는 신문법 제3장 제29조, 제31조, 제32조에서 확인할 수 있다.

먼저 신문법 제29조 제1항은 헌법 제21조 제3항에 명시한 언론의 기능을 법률로써 정하고 보전하기 위한 내용에 해당된다. 헌법에서 언론의 기능 보전을 명시한 이유는 바로 민주주의와 직결된다. 헌법 제1조 제2항은 "대한민국의 주권은 국민에게 있고, 모든 권력은 국민으로부터 나온다."라는 조항으로 민주주의 가치를 천명하고 있다. 뒤이어 헌법 제21조에서 명시한 언론·출판의 자유와 집회·결사의 자유는 바로 민주주의를 수호하기 위한 가장 중요한 방법으로 언론의 중요성을 상기시키는 부분이다. 올바른 언론의 사회적 감시 기능, 정화 기능, 견제 기능을 비롯한 저널리즘의 가치가 민주주의 발전의 필요조건이라는 사실은 동서고금의 학자들이 인정하는 내용이다.

본질적인 문제는 언론산업의 현실이 매우 열악하다는 데에 있다. 디지털 기술의 변화에 따라 매체와 콘텐츠가 급변하는 미디어 환경은 뉴스 콘텐츠의 생존을 위협하고 있다. 대표 매체로 인식되던 지상파 방송의 위상이 추락하고 있고, 언론을 대표하는 신문의 구독률도 급격히 감소하고 있다. 매체 형태로 볼 때 디지털 영역과 인쇄 영역을 구분할 필요도 없이 뉴스 콘텐츠의 존재 가치가 급격히 약화되고 있다. 이런 현상이 발생하게 된 근본적 이유는 콘텐츠에 대한 '흥미'와 '관심' 여부가 달라졌다는 데에 있다. 그렇지만 뉴스 자체가 본래 흥미를 유발할 수 없는 영역이기에, 뉴스 콘텐츠와 보도 기능은 시류를 떠나 사회적으로 보전해야 할 부분이다. 이에 따라 신문법에서는 헌법의 가치를 이어받아 언론진흥을 위한 재단을 설립하고 소명을 부여한 것이다.

신문법에서 한국언론진흥재단의 설립과 그 기능을 명시한 이유는 언론 진흥에서 찾을 수 있다. 일각에서는 언론과 광고의 연관성을 거론하며 언론 진흥을 담당하는 한국언론진흥재단이 정부광고 업무를 수행하는 데에 대해 문제를 제기하기도 하지만, 산업 영역에서 언론과 광고는 불가분의 관계에 있다. 광고는 매체 운영에 매우 중요한 동력이 되기 때문이다. 물론 언론 기능을 지닌 매체의 저널리즘 영역이 광고라는 비즈니스 영역의 영향을 받을 가능성이 있고, 실제로 부적절한 사례가 발생한 것도 사실이다.

언론에 대한 지원도 직접 방식보다 간접 방식이어야 한다는 논리도 그 때문이다. 실제로 해외 주요국가의 언론 관련 지원 정책 역시 민간을 통한 지원이거나 정부의 간접적인 혜택 제공 등의 방식으로 이루어지고 있다. 이런 이유 때문에 신문법과 한국언론진흥재단 및 정부광고법이 상호 연계에 있어서 타당성을 확보하게 된다.

언론진흥을 위해서는 지원이 필요하고, 지원을 하려면 그에 합당한 재원이 있어야 한다. 언론은 사회적으로 매우 중요한 위상을 가지지만 정부가 직접 지원하기에는 합당치 않기에 언론진흥기금을 조성하고 한국언론진흥재단으로 하여금 언론을 지원하도록 고려한 것이다. 언론진흥기금은 국고 등을 통해 조달하는데, 경제구조에서 볼 때 국고에서 계속 기금을 출연하는 데에는 한계가 있다. 이에 따라 한국언론진흥재단이 정부광고 업무를 사실상 대행하게 하고 그 과정에서 징수되는 수수료를 언론진흥기금에 출연하는 선순환 구조를 운용해 왔다. 국무총리훈령에 따라 한국언론진흥재단이 정부광고 업무를 대행하던 시기부터 정부광고의 수수료 수입이 언론진흥기금의 재원으로 활용됐고, 정부광고법 제정 이후에도 시행령에 수수료 수입의 언론진흥기금 출연을 명시함으로써 언론 지원 제도를 보완했다.

신문법 제3장 제31조와 제32조에서는 한국언론진흥재단의 직무를 나타내고 있는데, 제31조 제4항과 제6항이 정부광고법과 직접 관련된다. 제31조 제4항에는 한국언론진흥재단이 언론진흥기금을 조성하고 관리하고 운용하도록 돼 있고, 문화체육관광부장관이 위탁하는 사업도 수행하도록 하고 있다. 이는 정부광고 업무 대행 같은 사업을 의미한다. 정부광고법 시행령에 따라 한국언론진흥재단이 정부광고 업무의 수탁 기관으로 지정된 법적 근거가 신문법상에 명시된 것이다.

【신문법】 제4장 제34조, 제35조(언론진흥기금)

제34조(언론진흥기금의 설치 및 조성) ① 신문ㆍ인터넷신문ㆍ인터넷뉴스서비스 및 「잡지 등 정기간행물의 진흥에 관한 법률」에 따른 잡지(이하 '잡지'라 한다)의 진흥을 위하여 한국언론진흥재단에 언론진흥기금을 설치한다.

② 언론진흥기금은 다음 각 호의 재원으로 조성한다.

1. 정부의 출연금

2. 다른 기금으로부터의 전입금

3. 개인 또는 법인으로부터의 출연금 및 기부금품

4. 언론진흥기금의 운용으로 생기는 수익금

5. 그 밖에 대통령령으로 정하는 수입금

제35조(언론진흥기금의 용도 등) ① 언론진흥기금은 다음 각 호의 사업에 사용된다. 〈개정 2014. 3. 11.〉

1. 신문ㆍ인터넷신문ㆍ인터넷뉴스서비스 및 잡지의 진흥을 위한 지원

2. 신문ㆍ인터넷신문ㆍ인터넷뉴스서비스 및 잡지 관련 인력양성, 조사ㆍ연구, 정보화 사업 지원

3. 신문 및 잡지의 유통구조 개선을 위한 지원

4. 독자 권익 및 언론공익사업 지원

5. 한국언론진흥재단의 운영

6. 신문사업자, 인터넷신문사업자 및 잡지사업자에 대한 융자

7. 해외 한국어 신문ㆍ인터넷신문ㆍ인터넷뉴스서비스 및 잡지 지원

8. 그 밖에 대통령령으로 정하는 사업

② 무료로 제공할 목적으로 발행되는 신문사업자에 대하여는 기금을 지원할 수 없다.

---

③ 한국언론진흥재단은 언론진흥기금의 지원기준과 지원대상 등을 매년 공고하여야 한다.

제36조(언론진흥기금의 관리 · 운용) ① 언론진흥기금은 한국언론진흥재단이 관리 · 운용한다.

② 언론진흥기금의 관리 · 운용에 관한 종합적인 사항을 심의하게 하기 위하여 한국언론진흥재단에 언론진흥기금관리위원회를 둔다.

③ 언론진흥기금의 조성방법 · 관리 · 운용 및 언론진흥기금관리위원회의 구성 · 운영 등에 필요한 사항은 대통령령으로 정한다.

언론진흥기금과 관련된 법 조항에도 한국언론진흥재단이 정부광고 업무를 대행하는 타당성이 명시돼 있다. 신문법 제4장의 제34조 제2항은 언론진흥기금을 조성하는 재원에 대한 부분인데, 정부의 출연금, 다른 기금으로부터의 전입금, 개인 또는 법인으로부터의 출연금 및 기부금품, 언론진흥기금의 운용으로 생기는 수익금, 그 밖에 대통령령으로 정하는 수입금 등을 가용할 수 있는 범위를 명시한 내용이다. 그렇지만 정부의 출연금과 그 밖에 대통령령으로 정하는 수입금 외에 이렇다 할 재원이 존재하지 않는다는 점이 문제가 된다.

이처럼 정부의 국고 출연이 여의치 않는 상황에서는 정부광고 대행 수수료 수입 외에는 사실상 현실적인 대안이 없다고 할 수 있다. 물론 국고 출연이 병행된다고 하더라도 헌법과 신문법 및 정부광고법으로 연계되는 언론 진흥을 위한 선순환 구조는 한국언론진흥재단이 정부광고를 대행하는 업무 수탁 기

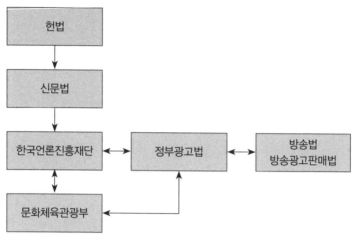

[그림 2-1] 정부광고법의 관련 주체와 법 제도의 관련 양상도

관이어야 함을 설명하기에 충분하다. [그림 2-1]에서 정부광고
법의 관련 주체와 법 제도의 관련 양상을 확인할 수 있다.

인쇄 매체인 신문광고에 대한 규제 법률은 현재 별도로 존재
하지 않는다. 현행법에서 광고가 언급된 것은 신문법 제6조(독
자의 권리보호) 항목에서 "신문 · 인터넷신문의 편집인 및 인터
넷뉴스서비스의 기사배열 책임자는 독자가 기사와 광고를 혼
동하지 아니하도록 명확하게 구분하여 편집하여야 한다."라는
부분이다. 이 외에 별도의 규제 조항은 존재하지 않는다. 신문
매체에 특정한 광고규제 관련 법률은 없지만 광고 일반에 대해
서는「표시광고법」「소비자기본법」「청소년 보호법」「의료
법」 등 개별법에서 매체의 종류나 광고의 종류에 상관없이 규
제하는 조항이 있다. 별도의 규제 법률이 없는 대신에 신문은

한국신문윤리위원회를 통해 신문광고윤리강령과 신문광고윤리실천요강을 통해 자율규제를 받고 있다.

> **【신문광고윤리강령】**
> 1. 신문광고는 독자에게 이익을 주고 신뢰받을 수 있어야 한다.
> 2. 신문광고는 공공질서와 미풍양속을 해치거나 신문의 품위를 손상해서는 안 된다.
> 3. 신문광고는 관계법규에 어긋나는 것이어서는 안 된다.
> 4. 신문광고는 그 내용이 진실하여야 하며 과대한 표현으로 독자를 현혹시켜서는 안 된다.

신문광고윤리강령은 언론의 본질인 저널리즘의 기본 원칙에 바탕을 두고 있다. 신문광고윤리강령에서는 특히 신문광고도 독자에게 혜택과 신뢰를 얻어야 하고 진실성을 바탕으로 신문의 품위 유지에 기여해야 한다는 사실을 명시했다. 신문이 언론의 기능과 품위를 유지하기 위한 선결 조건은 정상적인 재원에 있다. 저널리즘의 기본 원칙을 지킬 수 있는 언론사를 운영해야하며 신문광고윤리강령을 지켜야 한다. 우리나라는 물론 세계의 주요 국가에서는 다양한 방법으로 언론산업을 지원하고 있다. 신문 구독률이 급감하고 있는 상황에서는 신문이 제대로 된 언론의 기능을 수행하기 어렵다. 신문이 언론의 기능을 상실하면 헌법에 명시된 민주주의 체제에도 영향을 미칠 수 있기 때문에 사회적으로 어떤 위기가 도래할 가능성도 있다. 결국 언론진흥 정책은 민주주의 사회를 유지하고 발전시키는 데 기여하기 때문에 지속적인 지원 정책이 필요하다고 할 수 있다.

정부광고법의 제9조 유사 정부광고 금지 조항은 신문법 제6조 '독자의 권리 보호' 항목의 법적 목표 달성과도 연관이 있다. 정부광고법 제9조에서는 독자의 권리 보호는 물론 국민의 세금으로 집행되는 정부광고의 투명한 집행을 목적으로 하고 있다. 그 방식은 '광고'와 '기사'가 혼동되지 않도록 신문 등 매체의 광고 지면이나 광고 시간대를 구매해 집행되는 광고 이외에는 모두 협찬주를 명시하도록 하고 있다. 신문 기사로 오인될 수 있는 기사 협찬의 경우에도 광고주가 제공해서 집행된 신문 협찬이라는 사실을 인지할 수 있도록 한 것이다.

【방송광고 판매대행 등에 관한 법률】제16조(방송광고 수수료) ① 광고 판매대행자가 위탁한 방송광고를 방송한 방송사업자는 방송광고 판매액의 100분의 20 이내에서 방송광고의 수탁수수료를 지급하여야 한다.

② 광고 판매대행자는 방송광고의 판매로 지급받은 수탁수수료의 100분의 70 이상을 해당 광고를 의뢰한 광고대행자에게 광고대행 수수료로 지급하여야 한다.

③ 제1항 및 제2항에 따른 수수료의 구체적인 기준과 범위는 대통령령으로 정한다.

【방송광고 판매대행 등에 관한 법률 시행령】제11조(방송광고 수수료) ① 방송사업자는 법 제16조 제1항에 따라 광고 판매대행자에게 다음 각 호의 구분에 따른 범위에서 방송광고의 수탁수수료(이하 "수탁수수료"라 한다)를 지급하여야 한다. (개정 2014. 3. 24.)
1. 지상파방송사업자 및 지상파방송채널사용사업자: 광고 판매대행자가 판매한 방송광고 판매액의 100분의 13 이상 100분의 16 이하. 다만, 「방송법 시행령」 제1조의2 제3호에 따른 지상파이동멀티미디어방송사업자와 같은 조 제10호에 따른 지상파이동멀티미디어방송채널사용사업자는 방송광고 판매액의 100분의 13 이상 100분의 18 이하로 한다.
2. 종합편성방송채널사용사업자: 광고 판매대행자가 판매한 방송광고 판매액의 100분의 15 이상 100분의 19 이하
② 광고 판매대행자는 법 제16조 제2항에 따라 수탁수수료의 100분의 70 이상 100분의 86 이내의 범위에서 해당 광고를 의뢰한 방송광고대행자(이하 "광고대행자"라 한다)에게 광고대행 수수료를 지급하여야 한다. 다만, 「방송법 시행령」 제1조의2 제2호에 따른 지상파라디오방송사업자, 같은 조 제3호에 따른 지상파이동멀티미디어방송사업자, 같은 조 제7호에 따른 라디오방송채널사용사업자와 같은 조 제10호에 따른 지상파이동멀티미디어방송채널사용사업자의 방송광고 판매를 대행하는 경우에는 100분의 85 이상 100분의 95 이내의 범위에서 광고대행 수수료를 광고대행자에게 지급하여야 한다.
③ 제1항과 제2항에서 규정한 사항 외에 수수료의 기준과 범위에 관하여 필요한 세부사항은 방송통신위원회가 정하여 고시한다.

마지막으로 「방송광고 판매대행 등에 관한 법률」(이하 방송광고 판매대행법)을 살펴보자. 광고회사의 보상 방식은 다양하지만 국내 광고시장에서는 매체 취급액을 기준으로 하는 광고

매체대행 수수료(commission) 방식의 거래가 주를 이루고 있다. 하지만 정부광고법에서는 정부광고를 집행하는 광고주가 정부광고를 대행하는 한국언론진흥재단에 대행 수수료(fee)를 직접 지급하는 광고 업무대행 수수료(fee) 방식을 채택하고 있다(정부광고법 제8조). 이에 따라 정부광고 영역에서는 매체비에 해당하는 금액의 10%를 정부광고를 대행하는 한국언론진흥재단에 광고주가 직접 피(fee)로 지급하게 된다. 다만 방송광고의 경우에는 방송광고 판매대행법이 선행법으로 시행되고 있기에, 그에 따라 광고 매체대행 수수료(commission) 방식으로 진행되고 있다.

> **【시행령】제7조(수수료의 징수)** ① 수탁 기관은 법 제10조 제2항에 따라 수수료를 징수하는 경우에는 정부광고를 요청한 정부기관 등으로부터 수수료를 징수해야 한다. 다만, 「방송광고 판매대행 등에 관한 법률」 제5조에 따라 광고 판매대행자가 위탁한 방송광고는 광고 판매대행자로부터 수수료를 징수해야 한다.
> ② 제1항에 따른 수수료는 법 제8조에 따른 정부광고료의 100분의 10으로 한다. 다만, 제1항 단서에 따라 광고 판매대행자로부터 수수료를 징수하는 경우에는 「방송광고 판매대행 등에 관한 법률 시행령」 제11조 제2항에도 불구하고 같은 조 제1항에 따른 방송광고 판매액의 100분의 10으로 한다.

정부광고법 시행령 제7조에 의하면 수탁 기관은 정부광고법 제10조 제2항에 따라 광고주로부터 수수료를 징수해야 하나, 방송광고 판매대행법에 따라 방송 광고의 경우에는 광고

02 정부광고의 법률적 의미

판매 대행자로부터 수수료를 징수하도록 하고 있다. 또한, 방송광고 판매대행 등에 관한 법률 시행령에 따르면 지상파, 종편, 라디오 같은 각 매체에 따라 광고 대행자에 대한 수수료율 범위를 각각 다르게 지정하고 있다. 지상파 광고의 대행자는 9.1~13.76%, 종편 광고의 대행자는 10.05~16.34%, 라디오 등의 광고 대행자는 11.05~17.10%의 광고대행 수수료를 지급받도록 하고 있다. 그러나 정부광고의 경우에는 방송 매체에 대한 광고대행 수수료가 방송광고 판매액의 10%에 해당된다.

03
정부광고의
기획과 집행

정부광고의 의뢰(정부광고법 제5조)

정부광고법 제5조의 기능

> **【법률】제5조(광고 의뢰)** 정부기관 등의 장은 소관 업무에 관하여 홍보 매체에 정부광고를 하려는 경우 소요 예산, 내용, 광고물 제작 여부 등 정부광고에 필요한 사항을 명시하여 미리 문화체육관광부장관에게 요청하여야 한다.

  정부광고법 제5조는 광고를 하고자 할 때 문화체육관광부장관에게 의뢰하도록 정부기관 등에게 강제하는 조항으로, 동법 제2조(정의)와 함께 정부광고법의 핵심을 이룬다. 정부광고법의 본 명칭은「정부기관 및 공공법인의 광고시행에 관한 법률」
이다. 바로 정부기관 등이 광고를 하고자 할 때 필요한 지침을
다룬 내용이다.

정부광고를 둘러싼 많은 논쟁은 아이러니하게도 매체의 선
정이나 현재의 수탁 기관인 한국언론진흥재단의 역할과 수수
료에 관한 내용이 거의 대부분인데, 이는 법의 본질을 제대로
이해하지 못하는 과정에서 나타나는 인식의 격차 때문이다. 정
부광고법은 제2조에서 정부기관 등의 범위와 정부광고의 개념
을 결정하고, 제5조에서 시행 방법을 규정하는 것으로 핵심 골
격이 완성됐다.

정부광고 관련 논쟁과 제5조의 의미

정부광고법 제5조의 내용을 보면 정부광고를 하고자 하는
정부기관 등의 장(광고주)은 정부광고에 필요한 예산과 광고물
제작 등 제반 사항을 문화체육관광부장관에게 미리 요청하도
록 하고 있다. 법률상 문화체육관광부장관에게 요청한 정부광
고 업무는 수탁 기관인 한국언론진흥재단에서 맡는다. 이 조
항은 현실에서 정부광고에 관한 다양한 비판에 대응할 수 있는
논리적 근거가 된다.

"우리가 정부광고주에게 열심히 영업해서 광고를 직접 배정
받았는데, 왜 한국언론진흥재단이 나중에 끼어들어 수수료를

징수하는가?" 어떤 매체사의 광고 영업자는 이렇게 반발할 수도 있다. 정부광고의 수수료 징수와 관련하여 일부 매체사에서 반발해 왔는데, 정부광고법 제5조의 내용은 수수료 시비 문제를 본질적으로 해결해 주는 조항이라 할 수 있다. 만약 일부 매체의 주장이 사실이라면 정부광고의 대상 기관에 속하는 정부기관 등의 장은 법률을 어긴 셈이나 마찬가지이기 때문이다.

정부광고 의뢰서의 작성 방법

정부기관 등이 정부광고통합지원시스템 고애드(GOAD)를 통해 정부광고를 의뢰할 때 작성하는 '정부광고 의뢰서'에서 의뢰 기관이란 실제로 정부광고를 요청하는 기관을 말한다. 만약 다수의 정부기관 등이 공동으로 하나의 광고를 시행하고자 할 때는 참여 기관별로 정부 광고료와 소요 경비를 산출해서 각각의 부담액을 명시하고 각각 정부광고의 집행을 의뢰해야 한다. 예컨대, 5개의 정부기관 등이 공동 출자해 '프로젝트A'라는 명칭의 광고를 매체에 집행하려고 한다면 각각 부담할 광고비를 산출하고 광고 의뢰를 각각 요청해야 하기 때문에 모두 총 5건의 정부광고 의뢰서가 생성된다(한국언론진흥재단 GOAD, 2023a).

물론 5개의 정부기관 등이 업무의 편의를 위해 특정 기관에 송금해 정부광고를 일괄적으로 집행하도록 의뢰할 수도 있다.

만약 민관협업 등의 사업을 알리기 위해 민간단체나 민간법인이 정부기관 등과 공동으로 출자해 광고를 요청할 경우에는 일괄 처리가 불가능하다. 민간단체나 민간법인은 한국언론진흥재단에 정부광고를 요청할 수 없기 때문에, 출자한 금액만큼 별도로 해당 매체사와 직접 거래하거나 민간 광고회사 등을 통해 거래하고, 정부기관 등은 각각 출자한 금액만큼 한국언론진흥재단에 의뢰해야 한다. 이때는 업무상의 혼란을 막기 위해 비고란에 해당 사실을 구체적으로 서술할 필요가 있다.

정부광고 의뢰서에서 광고 건명은 정부기관 등이 내부 결재 시에 사용한 건별 명칭을 말하며, 업무상의 편의를 위해 광고 업무를 대행하는 한국언론진흥재단과 매체사 등과 공유하는 항목이다. 광고 기간은 희망하는 매체에 정부광고를 시행하는 기간을 말하며, 광고 규격은 정부광고 시행 시에 매체 지면의 크기, 광고 시간, 광고 형식 등을 의미한다.

제작 관련 내용은 뚜렷하게 구분할 필요가 있다. 정부광고 법상 제작은 대행 범위가 아니며, 「국가를 당사자로 하는 계약에 관한 법률」(이하 국가계약법)이나 「지방자치단체를 당사자로 하는 계약에 관한 법률」(이하 지방계약법) 등과 연관되기 때문이다. 여기에서 중요한 부분은 광고 제작 금액이 얼마나 되는지의 정도이다. 정부기관 등을 대상으로 하는 계약 관련 법령에는 제작업체를 통한 광고 제작은 '용역'으로 분류하고 있기 때문에, 해당 금액이 건당 2천만 원을 초과할 경우에는 입찰 절차를 거쳐야 한다는 점이다. 반면에 매체 집행 비용은 신문이나 방송, 인터넷, 잡지 등 각 매체가 지닌 고유성을 인정해 국가계약법 제26조에 따라 입찰을 거치지 않아도 되기에 광고 액수에 제한이 없다.

자체 제작은 정부기관 등의 장이 광고물을 직접 제작하거나 민간업체에 의뢰해 제작한 후 매체 구매와 집행만을 한국언론진흥재단에 의뢰하는 경우를 의미한다. 이때, 광고 제작물은 광고를 의뢰하기 전에 제작을 완료해 한국언론진흥재단에 제공해야 하며, 광고 의뢰 시에 제작물을 별도로 첨부해야 한다. 해당 광고 제작물이 지적재산권, 저작권, 계약 관련 법규 등에 저촉되지 않는지의 여부도 정부기관 등과 한국언론진흥재단이 함께 검토해야 한다.

제작 의뢰는 매체 집행은 물론 제작업체를 선정하는 문제를 한국언론진흥재단에 일괄적으로 의뢰하는 경우를 말한다. 정부기관 등이 제작에 필요한 제안요청서 등을 첨부 자료로 제공하면 한국언론진흥재단은 제작비 규모에 따라 조건에 적합한 제작업체를 선정해야 한다. 제작 협력사를 제한 경쟁 평가를 거쳐 선정하거나 2천만 원 초과(부가세 별도)의 경우에는 '나라장터'에 입찰 공고를 내서 업체를 선정해야 한다.

광고 의뢰 항목 중에서 정부광고료는 홍보 매체에 광고를 집행할 때 필요한 광고 예산(부가세 포함)을 의미하며, 홍보 매체별로 구분해 구체적으로 명기해야 한다. 의뢰한 정부광고료는 집행 결과에 따라 의뢰한 금액의 범위 내에서 조정할 수 있다. 소요 경비는 정부광고료를 제외한 정부광고 시행에 소요되는 경비 예산(부가세 포함)을 말한다. 의뢰한 소요 경비는 집행 결과에 따라 의뢰한 금액의 범위 내에서 조정할 수 있다. 정부기관 등은 광고물 제작 등의 업무에 필요한 사업자를 직접 선정해, 제작 등에 소요된 경비를 직접 지급하는 경우에는 제작 등에 소요된 경비를 제외하고 의뢰해야 한다.

「방송광고 판매대행 등에 관한 법률」(이하 방송광고 판매법) 제5조에 따라, 광고 판매 대행자로부터 광고 시간을 구매해야 하는 방송광고를 의뢰할 때는 수수료를 정부광고료에 합산해 기재한다. 광고 판매 대행자는 한국방송광고진흥공사(KOBACO), 에스비에스엠앤씨(SBS M&C), 제이티비씨미디어컴(JTBC Mediacomm), 엠비엔미디어렙(MBN Media Rep), 티브이조선미디어렙(TV Chosun Media Rep), 미디어렙에이(Media Rep A)이다. 방송광고 판매법은 정부광고법에 비해 먼저 만들어진 법이고, 방송광고 거래 방식을 구체적으로 명시한 법이며, 정부광고법에도 다른 법률에서 정한 부분은 인정하도록 명시돼 있다. 따라서 방송광고 판매 대행자를 통해 구입하고 거래한 방송광고에 대해서는 기존의 거래 방식을 따르고 있다. 거래 방식의 불일치로 인해 혼돈을 야기할 가능성이 있는 대목이다.

【시행령】제3조(광고 의뢰 절차) ① 정부기관 등의 장은 법 제5조에 따라 문화체육관광부장관에게 정부광고를 요청하는 경우로서 광고물 제작이 필요한 경우에는 민간 광고 제작사 등을 선정하여 요청하거나 선정하여 줄 것을 함께 요청할 수 있다.

② 정부기관 등의 장은 법 제5조에 따라 홍보 매체에 정부광고를 하려는 경우 다음 각 호의 구분에 따른 기한까지 문화체육관광부령으로 정하는 바에 따라 문화체육관광부장관에게 요청해야 한다. 다만, 긴급담화 등 긴급하거나 문화체육관광부장관과 사전에 협의된 정부광고는 광고 시행일 전날까지 요청할 수 있다.

1. 국내 홍보 매체를 통한 정부광고: 다음 각 목의 구분에 따른 기한

가. 공고 등 일반 고지광고: 광고 시행일 7일 전

나. 광고물 제작이 수반되는 광고: 광고 시행일부터 역산하여 광고물 제작에 걸리는 기간에 7일을 합산한 날 이전

다. 홍보 매체를 구매하기 위한 약정 기일이 있는 광고: 약정 기일 7일 전

2. 국외 홍보 매체를 통한 정부광고: 다음 각 목의 구분에 따른 기한

가. 공고 등 일반 고지광고: 광고 시행일 15일 전

나. 광고물 제작이 수반되는 광고: 광고 시행일부터 역산하여 광고물 제작에 걸리는 기간에 15일을 합산한 날 이전

다. 홍보 매체를 구매하기 위한 약정 기일이 있는 광고: 약정 기일 15일 전

광고 의뢰일은 한국언론진흥재단이 접수해 등록한 날을 의미하며, 의뢰 기관명은 의뢰 기관과 같으며 기관이 인정하는 직인을 발인해야 한다. 해당 기관의 담당자 이름과 부서명과 함께 담당자의 이메일 주소 및 전자문서 수신 번호를 붙임으로 제시해야 한다. 의뢰 기관에서 정부광고를 실제로 시행하는 담당자와 별도로 정부광고료 등의 지출 담당자가 달리 지정돼 있거나

필요한 경우에는 지출 담당자와 부서명과 함께 담당자의 이메일 주소 및 전자문자 수신 번호를 붙임으로 제시해야 한다.

정부광고 의뢰 기관으로부터 정부광고 의뢰서를 접수할 때, 한국언론진흥재단은 광고주의 직인 날인 여부나 연락처 같은 필수 기재 사항이 모두 작성됐는지 확인하고, 수탁 업무 담당자를 정확히 배정해 의뢰 기관의 담당자에게 통보해야 한다.

홍보 매체의 선정(정부광고법 제6조)

홍보 매체의 선정과 결정 과정

【법률】제6조(홍보 매체 선정) ① 문화체육관광부장관은 정부기관 등으로부터 정부광고를 요청받은 경우 정부기관 등의 의견을 우선하여 홍보 매체를 선정하여야 한다. 이 경우 광고의 목적, 국민의 보편적 접근성 보장 등을 고려하여야 한다.
② 문화체육관광부장관은 신문 및 잡지에 광고하는 경우에는 정부광고의 효율성을 높이고 질서를 확립하기 위하여 전년도 발행부수와 유가부수를 신고·검증·공개한 신문 및 잡지를 홍보 매체로 우선 선정할 수 있다.
③ 그 밖에 홍보 매체의 선정과 관련하여 필요한 사항은 대통령령으로 정한다.

홍보 매체는 정부광고 의뢰 기관에서 희망하는 홍보 매체를 말한다. 홍보 매체는 광고 게재 시기의 지면이나 시간 등 매체 여건에 따라 조정될 수 있으므로 사전에 한국언론진흥재단에 미리 요청해야 한다. 신문 및 잡지에 광고를 의뢰하는 경우에는 정부광고법 시행령 제4조의 지침에 따른다. 홍보 매체의 선정은 법률에 명시된 것처럼 정부광고주, 다시 말해서 정부광고를 요청한 정부기관 등의 의견을 우선적으로 고려해야 한다. 이 과정은 민간 광고회사가 광고주에게 광고 목적에 합당한 매체를 제안하고, 광고주의 결정을 기준으로 매체를 선정하는 것과 다르지 않다.

　법률 제6조 제1항과 제2항의 내용을 해석하는 과정에서 홍보 매체를 선정하는 권한이 마치 문화체육관광부장관에게 있다는 듯이 인식할 수 있으나, 이는 근본적으로 잘못된 해석이다. 만약 정부기관 등이 비용을 부담하는 정부광고의 홍보 매체를 문화체육관광부장관이 결정한다고 하면, 문화체육관광부장관은 정부기관 및 공공법인 등의 권한을 통제하는 결과를 초래할 수 있다. 나아가 문화체육관광부장관이 민간 매체사의 경영에 개입하는 모양새가 되기 때문에 헌법의 기본권과 지방자치법 등을 침해하는 위험한 사안으로 비화될 수 있다.

홍보 매체의 선정 기준과 쟁점

【시행령】제4조(홍보 매체 선정) ① 문화체육관광부장관은 법 제6조 제1항에 따라 정부기관 등의 장이 의견을 내기 위해 홍보 매체의 선정에 필요한 자료를 요청하면 홍보 매체의 구독률, 열독률, 시청률, 이용률 등의 자료를 제공할 수 있다. (개정 2021. 11. 9.)

② 문화체육관광부장관은 제1항에 따른 자료의 제공 외에 정부기관 등의 장
이 요청하는 경우에는 홍보 매체의 효과성 분석 등에 관한 조사를 실시할
수 있다. 이 경우 조사에 드는 비용은 조사를 요청한 정부기관 등이 부담
한다. (시행일 2022. 1. 1.)

신문광고의 경우에는 방송광고와 달리 제도적 지정 단가가
없었고 신문사에서 제시한 단가 기준도 현실적으로 잘 지켜지
지 않았기 때문에, 한국언론진흥재단을 비롯한 민간 광고회사
등의 거래에서 광고 거래 가격이 해당 매체의 지명도나 역할
등에 따라 탄력적으로 적용돼 왔다. 그리고 정부광고법 시행
령 제4조와 관련해 논란도 많았다. 시행령 제4조 제1항은 법률
제6조 제2항과 연동되는 내용이다. 2020년 12월에 한국ABC협
회[1]에서 발표한 발행부수의 공사(公査) 결과가 조작됐다는 폭
로 사건이 발생했다. 이 폭로로 인해 문화체육관광부는 2021년
11월 9일에 정부광고법 시행령을 개정하게 된다. 시행령을 개
정한 조치와 관련해 국제ABC연맹(IFABC)[2]은 한국ABC협회에

---

1) 1989년에 설립된 한국ABC협회는 국내 유일의 신문 발행부수 인증기관이었다. 그러
나 2020년 12월에 발행부수 공사 조작 의혹이 제기돼 문화체육관광부가 사무감사를
진행했다. 2021년 3월, 문화체육관광부는 사무감사 결과를 발표하며 제도개선을 권
고했지만 한국ABC협회는 이를 받아들이지 않았다. 이에 따라 문화체육관광부는 정
부광고 집행 기준에서 발행부수를 배제하고 열독률과 사회적 책임 등의 지표를 바
탕으로 정부광고 집행 기준을 대체하기로 결정한 바 있었다.
2) 국제ABC연맹(International Federation of Audit Bureau of Circulations: IFABC)은
신문과 잡지의 발행부수 공사를 담당하는 각국 ABC협회의 국제 조직으로 영국 런던
에 본부가 있다. 독립적 비영리 단체인 각국 ABC협회는 발행업체, 광고대행업체, 광
고주 등 3자 간 협정에 따라 운영한다는 설립 원칙이 있다.

03 정부광고의 기획과 집행

서신을 보내왔고, 그 서신에서 신문 발행부수를 정부광고 배정 기준으로 사용하지 않기로 결정한 한국 정부의 정책에 대해 강한 유감을 나타냈다.[3]

그 이전까지는 한국ABC협회가 주관하는 발행부수공사 (Audit Bureau of Circulations)에 신문사가 참여하는 여부를 인쇄 매체의 정부광고 게재 자격으로 활용하도록 명시돼 있었다. 2020년 12월의 폭로 사건이 발생하기 전까지는 발행부수공사에 신문사가 참여하는지 그렇지 않은지가 정부광고 집행의 중요한 기준이었다. 폭로 사건이 발생하자 언론계에서는 ABC제도 자체가 신문산업의 불공정을 유도하는 구조로 작용한다며 한국ABC협회의 부수 조작 의혹을 규탄하는 긴급 토론회가 열리기도 했다(강아영, 2021).

---

3) 서신 내용을 보도한 신문 기사는 이렇다. "사이먼 레드리치 IFABC 회장은 임종건 한국ABC협회장에게 보낸 서신에서 한국ABC협회를 둘러싼 사태와 관련해 논의했다며 '한국 정부가 한국ABC협회의 신문 공사 지표를 정부광고 배정 지표로 활용하지 않기로 한 정책은 유감스러운 사태의 전환'이라고 밝혔다. 이번 서신에서 IFABC는 한국 정부가 부수 조작에 대한 수치 계산법을 한국ABC협회에 공유하지 않은 점을 문제 삼았다. 레드리치 회장은 '특정 신문에 대한 발행부수가 조작됐다고 발표하기 전에 그 수치가 어떻게 계산됐는지에 관한 내역을 한국ABC협회가 받아보지 못한 것은 매우 불행한 일'이라며 '한국 정부가 중요한 정책 변화를 꾀하기 전에 한국ABC협회와 논의를 진행하는 것이 바람직했을 것'이라고 지적했다. 레드리치 회장은 'ABC협회의 신문공사 수치와 정부가 실시하는 열독률 조사 수치는 동전의 양면과 같은 것으로 전 세계 많은 시장에서 상호보완적 용도로 사용되고 있다'며 '한국 정부가 해당 사안을 충분히 공개적으로 논의할 수 있는 기회를 한국ABC협회에 제공하고, 가능하다면 그들의 결정을 되돌리기를 바란다'고 말했다." 박대의 (2021. 12. 21.). "IFABC, 정부 광고 집행기준서 부수 제외 유감." 매일경제. https://www.mk.co.kr/news/culture/10145825

이 사건으로 인해 어떤 연유에서인지 발행부수공사 결과와 인쇄 매체의 광고료가 마치 연동되고 있다는 듯이 호도됐다. 그 결과 문화체육관광부와 한국언론진흥재단은 시행령 제4조 제1항을 앞의 내용처럼 개정했지만, 법률의 제6조 제2항은 개정하지 않은 상태로 업무를 진행함으로써 불균형이 초래됐다.[4] 광고시장의 구조를 전혀 알지 못하고 법령 해석에 대한 지식이 부족한 일부 연구자들에 의해 정부광고 법령의 본질이 훼손되고 거래 질서에 혼란이 발생하게 됐다.

매체의 관련 자료 요청(정부광고법 제7조)

자료의 신뢰성

【법률】 제7조(자료 요청) 문화체육관광부장관은 제6조 제2항에 따른 홍보 매체를 선정하기 위하여 신문 및 잡지를 경영하는 사업자에게 전체 발행 부수 및 유가 판매부수에 대한 자료를 요청할 수 있다.

---

4) 문화체육관광부와 한국언론진흥재단이 법령과 실제 광고 거래 과정을 오해해, 발행부수공사 참여 여부로 인쇄 매체에 정부광고 게재 자격을 부여하던 것을 구독률이나 열독률 등으로 대체하기로 결정한 것은 잘못이다. 처음부터 법령에는 ABC 부수공사를 자격 요건으로 활용하도록 명시돼 있었고, 광고 거래 가격은 시장 환경에 따라 동일한 매체, 동일한 지면이라 하더라도 요일, 계절, 시의성 등에 따라 탄력적으로 운용돼야 하므로 발행부수공사 결과와는 무관하다. 특히 발행부수공사는 수량(quantity)이므로 수량 계산이 잘못됐다면 보정 방법을 찾아야 하는데, 그런 시도를 하지 않고 열독률이나

03 정부광고의 기획과 집행

정부광고법 제7조에는 홍보 매체를 선정하는데 필요한 발행 부수 등의 자료를 인쇄 매체 사업자에게 요청할 수 있도록 명시돼 있다. 원래 정부광고법 시행령 제5조(자료 요청)에 "문화체육관광부장관은 법 제7조에 따른 신문 및 잡지의 전체 발행부수 및 유가 판매부수에 대한 자료 요청 대신 ABC발행부수공사[5] 결과를 활용할 수 있다."라고 명시돼 있었으나, 2021년 11월 9일 시행령 제5조를 폐기함으로써 현재는 매체의 자격 기준이 없어진 상태이다. 한국ABC협회의 발행부수공사 결과가 조작됐다는 폭로가 2020년 12월에 있었기 때문이다.

정부광고법 시행령 제5조에 따라 한국언론진흥재단은 정부 기관 등으로부터 특정 신문 및 잡지에 광고 의뢰를 받을 경우에는 한국ABC협회의 ABC발행부수공사 가입 여부를 확인 후 시행하고 있었으나, 해당 조항이 폐지됨에 따라 많은 혼란이 야기되고 있다. 지난 2010년, 문화체육관광부와 국회 등의 지적에 따라 정부광고 게재를 희망하는 신문과 잡지의 자격 기준을 정하기 위해, 당시 국무총리훈령으로 시행되던 정부광고에 발행부수공사 가입 여부를 확인하는 제도를 도입했다. 제도의 본질 자체가 인쇄 매체의 정상적인 자격 기준을 확인하기 위한

구독률 같은 비율(proportion)로 대체하겠다는 발상은 잘못이다. 비율은 수량을 대체하는 척도가 아니며, 설문조사 등은 표본오차와 표집오차 등에 의해 결측값을 제외하기 때문에, 모든 매체의 부수를 대체하는 것 자체가 원천적으로 불가능하다.

5) 사단법인 한국ABC협회가 실시하는 신문·잡지의 발행부수 및 유가부수에 관한 조사를 말한다.

취지였고 그 취지는 정부광고법에도 반영됐다. 하지만 법률보다 먼저 시행령 제5조를 폐기함으로써, 법률과 시행령 사이의 괴리가 나타난 상태이고, 무엇보다 국회에서 꾸준히 지적되던 이른바 '무자격 인쇄 매체'를 가늠할 방법이 사라졌다.

ABC발행부수공사 자료를 배제하고 새로운 기준을 만들겠다는 방법은 열독률, 구독률, 사회적 지표(광고심의, 언론보도 중재 건수 등)를 복합한 것인데, 여기에는 근본적인 문제가 있다. 가장 우려되는 부분은 '비율'로 전체 시장의 '수량'을 이론적으로 추정할 수 없다는 사실이다. ABC발행부수공사는 전체 인쇄 매체를 대상으로 회원사가 신고한 발행부수와 유가부수 등이 정확한지 표본조사를 통해 검증하는 것이다. 즉, 전수조사(census) 개념의 자료 검증을 위해 표본조사를 한다는 취지였다. 문화체육관광부가 제시한 표본조사는 표본을 통해 전체 인쇄 매체의 수량을 추정하겠다는 것으로 학술적 논리에 크게 어긋나며 공식 자체가 성립되지 않는다.

만약 필요에 따라 정부광고법 시행령을 개정하려고 한다면 현재의 개정안에는 매체사가 자료를 조사해서 제출할 의무가 명시돼 있지 않기에, '자료 요청'이란 용어는 '자료 활용'으로 바꿔야 한다. 또한, 구독률이나 열독률이란 개념은 신문시장에서 특정 신문 등이 점유하는 비율을 추정하는 자료이므로, 부수의 규모를 추정할 수는 없다. 더욱이 가구를 대상으로 조사한 결과는 부분에 지나지 않기 때문에 신뢰성이 떨어진다.[6]

통계학 차원에서 더 심각한 것은 현재 ABC발행부수공사 결과를 전면 부정한 상태이기 때문에, 신문의 발행부수나 유료부수에 대한 모수(母數, 모집단의 특성을 나타내는 값)가 없어진 상태라는 사실이다. 모수집단이 없는 상태에서 부수를 추정한다는 것은 학술적으로 통계조작에 해당되기 때문에 동의할 수 없다. 현재 발표한 방법으로는 표본의 크기가 아무리 크다 하더라도 표본조사가 지니는 오차범위 때문에 지역 매체의 점유 상황을 측정하기 어렵다는 한계도 결정적 오류에 해당된다.

여론조사에 나오는 통계치를 보면 일반인들이 혼동할 수 있는 자료가 제시되는데, 대표적인 것이 표본 크기에 부여된 오차의 범위가 마치 표본조사 자체의 오차인 것처럼 공표되는 것이다. 〈표 3-1〉에 신뢰 수준별 통계지수(z) 값과 표준편차(σ)의 기준표를 제시하였다. 표본의 크기별로 1천 명이나 2천 명 등에 부여된 표본 크기의 오차는 통계학 공식에서 특정한 신뢰구간(Confidence Interval: CI, 예컨대 95% 신뢰 수준)에서 분산값을 기준으로 정해진 것이다. 통계학에 의하면 신뢰도 수준이 95%인 경우에 신뢰구간은 $\pm 1.96 \times \sigma/\mathrm{SQRT}[n]$이 되며, 여기에서 시그마($\sigma$)는 표준편차(Standard Deviation: SD)이고, n은 표본

---

6) 특정 신문의 경우에는 가구 공급률보다 직장과 기관 등의 공급률이 월등히 높기 때문에 측정 자체가 불가능하다. 방송 프로그램을 직장 등에서 시청하는 경우는 거의 없지만, 신문은 매체의 특성상 직장에서 활용하는 경우가 많기 때문이다. 시청률 조사를 직장에서 실시하지 않고 가구에서만 실시하듯, 신문 조사를 가구를 대상으로 실시한다는 것은 심각한 문제점을 내포하고 있다.

의 수이며, SQRT는 분산(응답자 분포 정도)이다. 1.96은 사회과학 통계에서 95% 신뢰 수준의 기준값으로 활용된다. 즉, 표본조사를 실시한 이후 응답자의 분산분포에 따라 해당 표본조사의 오차는 달라지게 마련이다. 따라서 표본의 크기에 따라 정해진 오차 기준을 마치 모든 표본조사의 오차라는 듯이 사용하는 것은 잘못이다.

예컨대, 표본이 5천 명 이상이라면 응답률에 따라 차이는 있지만 이론적으로 볼 때는 표본크기의 오차가 ±2% 내외이다. 응답자가 100명 이하인 경우에는 모두 결측값으로 무효 처리하기 때문에, 100명 이상이 응답한 매체만이 유의미한 매체라는 결과가 도출된다. 표본 크기를 5만 명으로 하더라도 표본조사의 오차는 응답자의 분산분포에 따라 달라지기 때문에, 오차 범위 이하로 응답한 매체는 모두 무효로 처리된다. 결국 각 지역의 매체 중에서 상당수의 매체가 유의미한 집계에 해당되지 않기 때문에, 심각한 문제가 발생할 가능성이 높다.

결국 가장 적합한 방법은 매체의 시장 규모와 역할은 물론 사회적 영향력 등을 종합적으로 고려한 '통합 매체력'에 따라 신문과 잡지의 자격 기준을 정하는 것이다. 통합 매체력은 한국ABC협회의 발행부수공사 방식을 보완해(IFABC 기준 참조), 신문의 유가부수, 온라인 판의 검증, 사회적 영향력 등을 통합해 매체력을 검증할 수 있는 방법을 의미한다. 부수공사 결과를 맹신할 필요는 없기 때문에 발행부수공사 결과에 나타난 상

<표 3-1> 신뢰 수준별 통계지수(z) 값과 표준편차(σ) 기준표

표준편차 (zσ)	신뢰구간 내 비율 (percentage within CI, %)	신뢰구간 외 비율 (percentage outside CI, %)
0.674	50	50
1	68.268 9492	31.731 0508
1.645	90	10
1.960	95	5
2	95.449 9736	4.550 0264
2.576	99	1
3	99.730 0204	0.269 9796
3.2906	99.9	0.1
4	99.993 666	0.006 334
5	99.999 942 6697	0.000 057 3303
6	99.999 999 8.27	0.000 000 1973
7	99.999 999 999 7440	0.000 000 000 2560

대적 비율을 기준으로 유의미한 매체 수준을 판별하는 방법이다. 예컨대, 특정 지역의 신문이 10개라면 이들 발행부수의 평균, 분산, 표준편차를 활용해 일표본 t−검증(t-test) 같은 통계적 방법으로 유의수준을 검정함으로써, 상대적 활동성과 영향력은 물론 경쟁력을 부여할 수 있을 것이다.

광고는 문자 그대로 광고이다. 정부광고도 광고주가 정부기관 등일 뿐 광고이므로 광고주와 수용자 간의 접점에서 현실적으로 설득력이 높은 해결책을 찾아야 한다. 정부광고를 마치 매체에 물적 토대를 제공하는 지원 도구라고 착각해 잘못된 방법과 기준을 적용한다면 그렇잖아도 복잡한 시장의 혼란만 야기할 뿐이며, 언론산업계와 광고산업계의 포괄적인 공감을 얻기는 어렵다.

소요 경비의 지출(정부광고법 제8조)

소요 경비의 개념

소요 경비란 정부광고료와 정부광고료를 제외한 제작 등 정부광고에 소요된 비용을 말한다. 여기에서 정부광고료는 홍보 매체에 집행한 광고 예산(부가세 포함)을 의미하고, 정부광고에 소요된 경비는 정부광고료를 제외한 정부광고 시행에 수반되는 광고물 제작 등의 경비 예산(부가세 포함)을 의미한다. 즉, 소요 경비는 정부광고료(매체 집행비)와 기타경비 총액(제작, 부대경비 등)을 합한 것에 부가세까지 모두 포함된 개념이다.

2018년 12월 13일 이후, 정부광고법이 시행된 초기에 소요 경비를 산정하는 과정에서 이해가 부족한 경우가 있었는데, 그 이유는 수수료 징수 방식의 변화 때문이었다. 방송광고 판매법에 따라 거래되는 방송광고를 제외한 모든 매체(인쇄, 옥외, 온라인 등)의 광고대행 수수료는 광고를 의뢰한 정부기관 등으로부터 매체 집행비의 10%를 직접 징수하도록 명시돼 있기 때문이다.

예컨대, 실질 매체비가 100만 원이 들어가는 광고를 집행할 경우에는 광고를 의뢰한 정부기관 등은 수수료 10만 원을 더하고 '매체비+수수료'에 부가세 10%를 더한 121만 원을 총 광고 예산으로 설정해야 한다.[7] 간단한 산식처럼 보이지만 이미 총 광고 예산을 100만 원으로 설정해 놓으면 쉽게 이해하기 어렵다. 이 때는 산식을 바꿔 역산해야 하는데, 앞의 사례대로 총 광고 예산으로 100만 원을 책정했을 경우에 실질 매체비는 826,447원이 된다. 여기에 정부광고 수수료 10%를 더한 다음, 실질 매체비와 정부광고 수수료를 합한 금액의 10%를 부가세로 산출해, 세 가지 모두를 더하면 총 광고 예산 100만 원이 산정된다.[8]

수수료와 수수료율의 유래

수수료의 역사는 미국에서 기원을 찾을 수 있다. 1900년대에 광고시장이 활성화되면서 광고주를 대신해 매체 지면이나

---

7) 실질 매체비 1,000,000원, 실질 매체비에 대한 10%의 정부광고 수수료 100,000원, 실질 매체비와 수수료의 합(1,100,000원)에 대한 부가세 10%(110,000원)를 모두 더하면 총 광고 예산은 1,210,000원이 된다.

8) 가용할 수 있는 광고 예산이 100만 원일 경우, 1,000,000원÷1.1×0.1 순으로 계산해 광고비의 10%인 부가세 90,909원을 산출하면, 잔액인 909,091원이 광고비다. 광고비를 바탕으로 정부광고 수수료 10%에 대해 909,091원÷1.1×0.1 순으로 다시 계산하면 수수료 82,644원이 나오고, 909,091원에서 정부광고 수수료 82,644원을 제하면 실질 매체비는 826,447원이 된다. 이처럼 광고 예산에서 역순으로, 부가세, 정부광고 수수료, 실질 매체비를 계산하면 세부 비용을 쉽게 산출할 수 있다.

방송 시간을 구매하고 이를 기획하는 업무의 필요성이 부각됐다. 그 결과 1918년에 미국광고업협회(American Association of Advertising Agency: AAAA)는 광고회사의 기능을 "제품과 서비스를 연구하고 시장을 분석하며 유통 및 판매, 가용매체나 전달 수단에 대한 명확한 계획을 수립하고 집행하는 것"이라고 정의하면서 보상은 전체 매체 구매 총비용의 15%로 명시했다. 더불어 광고 매체의 지면이나 시간 등을 판매 대행하는 판매 대리점의 보상은 매체 총비용의 20%(즉, 매체 구매 총비용 3%P)로 한다고 정했다. 이와 같은 미국광고업협회의 정의가 국내 광고시장에 그대로 도입돼 지금까지 유지돼 왔으며 불문율로 인정되고 있다.

국내 민간 광고시장에서는 매체 취급액 기준으로 하는 광고 매체대행 수수료(commission) 방식의 거래가 주류를 이루고 있었지만, 대형 광고주나 외국계 광고주를 중심으로 점차 비용과 취급액 조합을 기준으로 하는 광고 업무대행 수수료(fee) 방식을 채택하고 있다.

2006년 9월, 국무총리실 산하 규제개혁기획단은 한국광고주협회의 건의를 받아들여 광고주가 수수료를 광고회사에 직접 지급하는 광고 업무대행 수수료(fee) 방식을 채택하도록 결정했지만, 이후 방송광고 수수료 지급방식과 차이가 나타남에 따라 전면 시행이 유보됐다. 2018년 12월 13일, 정부광고법이 발효되면서 정부광고에 대해 광고 매체대행 수수료(commission)

방식으로 거래되던 수수료 체계는 광고 업무대행 수수료(fee) 방식으로 변경됐다. 정부광고 수수료 방식은 프랑스판 부패방지법인 샤팽(Sapin)법을 참조해 정부광고 거래의 투명성을 안착시키기 위해 변경했다.

1993년 3월, 「부패 방지와 경제생활의 투명성 보장을 위한 법」으로 시행된 프랑스의 샤팽법은 광고 요금표와 광고 거래 및 보상체계의 투명성을 엄격히 적용했다. 프랑스 정부의 재정경제원장이던 미셸 샤팽(Michael Sapin)이 주도해 부패를 방지하고 경제생활의 투명성을 보장하기 위해 만든 이 법은 기업 대상의 부패 방지법이다. 샤팽법의 조항 중에서 광고와 관련된 주요 골자는 요금의 투명성(제18조, 제19조)과 거래의 투명성(제20조)을 제고하고, 광고회사의 대행 수수료는 반드시 광고주에 의해서만 지불돼야 하며 미디어가 광고회사에 수수료를 지불하는 것을 금지(제21조)한다는 내용이다(김병희, 성윤택, 이희복, 양승광, 김지혜, 2022; Bailly & Haranger, 2017).

샤팽법에서는 광고 요금표를 반드시 공시해야 하고 광고시장에서 활동하는 모든 단체나 사람들에게 동등하게 적용해야 한다고 규정했다. 미디어 구매와 마찬가지로 광고 거래에서도 투명성을 확보해야 하며 광고주를 위해 일 하는 모든 회사나 단체의 활동도 반드시 공개되어야 한다고 명시했다. 그 밖에 광고 공간의 판매자가 제공하는 어떤 종류의 할인이라도 청구서에 반드시 명시하게 함으로써 관행적으로 내려오던 전통적인 커미션(Commission) 제도를 전면 금지시켰다(성욱제, 2001). 이 법이 제정되기 전에는 프랑스 언론사들도 광고 유치를 위해 광고주들과의 거래에서 리베이트(사례금), 이면 거래, 뇌물 등 부패와 부조리가 존재했고, 이는 사회적으로도 큰 문제가 됐었다.

이 법은 광고 요금 및 거래의 투명성을 보장하고, 광고회사의 대행 수수료는 반드시 광고주에 의해서만 지불하도록 하면서 미디어가 광고회사에 수수료를 지불하는 것을 금지하는 내용이 핵심 골자다. 한편, 2016년 12월 10일에는 국가 반부패 기구의 설립, 부정부패 관련 불법행위 항목과 벌금형의 추가, 기업과 경영진의 부패 예방 및 신고자 보호 절차의 도입 의무 등 일련의 반부패 조치들을 포함하는 사팽2법(Sapin II Law)이 발효되었다(국민권익위원회 국제교류담당관, 2017; Bailly & Haranger, 2017; Jones Day, 2017; O'Reilly, 2017). 우리나라의 정부광고법이 발효되면서 광고 매체대행 수수료(commission) 방식에서 광고 업무대행 수수료(fee) 방식[9]으로 변경한 것은 프랑스판 부패방지법인 샤팽(Sapin)법에서 지향하는 가치에 더 부합하는 조치다. 이렇게 되면 결국 광고 거래의 무질서를 방

---

9) 광고 업무대행 수수료(fee) 방식은 수수료를 지급하거나 징수하는 주체와 방법 외에 수수료 산출법에도 차이가 있다. 광고 매체대행 수수료(commission) 방식은 매체비를 기준으로 하지만, 광고 업무대행 수수료 방식은 광고 대행 업무에 투입된 인원의 인건비까지 고려해야 한다. 광고 업무대행 수수료 산출법을 보다 정확하게 표현하면 다음과 같다. 광고 업무대행 수수료(fee) = (투입된 인력의 연봉 × 2.5) × (1.5~3%: 총 광고비에 따라 조정)

지하고 광고의 불공정 거래를 일소하는 동시에 광고계와 언론계의 공공성과 투명성을 환기하는 데 영향을 미칠 것이다.

　미국에서는 1990년대에 광고 매체대행 수수료(commission) 방식보다 비용과 취급액의 조합을 기준으로 하는 광고 업무대행 수수료(fee) 방식이 점차 확대됐고, 2000년대에 들어서는 대부분의 광고주가 광고 업무대행 수수료(fee) 방식을 채택했다. 일본에서는 아직 광고 매체대행 수수료(commission) 방식이 주류를 이루는데, 그 원인은 광고회사와 미디어렙의 겸영을 허용하고 있기 때문이다. 예컨대, 광고회사 덴츠(電通)는 광고회사와 미디어렙을 동시에 운영함으로써, 매체 판매 대행액 전체의 83% 정도를 독점하고 있다. 덴츠와 같이 거래량이 많고 광고비 취급액이 많은 회사는 20% 정도의 수수료를 받고 있지만 취급액이 적은 중소형 광고회사는 15% 내외의 수수료를 받는다.

　국내의 민간 광고회사도 점차 광고 업무대행 수수료(fee) 방식으로 전환하기를 희망하고 있으며 수수료율은 국제적 관례에 따라 15%를 유지하고 있다. 한국언론진흥재단이 광고 업무대행 수수료(fee) 방식으로 광고주로부터 직접 수수료를 받는 것은 세계적인 흐름에 부합하며, 수수료율을 10%로 규정(부가가치세의 세율 인용)한 배경도 민간 대행사에 비해 저렴한 비용으로 정부광고 업무를 대행함으로써 국고를 절약하고 최적의 효율성을 달성하려는 취지에서다. 아울러 한국언론진흥재단은 정부광고 대행에 따른 수수료 수입을 정부광고법에 명시된 언론진흥 지원이라는 공공의 목적에 따라 사용하고 있으므로, 최소의 비용으로 상당한 효과를 모색하는 공공기관의 이상적 지표를 실천하고 있다고 할 수 있다.

소요 경비의 확인과 처리

정부광고 업무의 수탁 기관은 정부광고법 제8조 제1항에 따라 홍보 매체로부터 소요 경비의 지급을 요청받을 경우에는 홍보 매체로부터 제출받은 정부광고 증빙자료와 경비지출 내역 등을 확인한 다음, 정부광고를 요청한 기관에 송부한다. 이때 수탁 기관이 확인해야 하는 증빙 자료 등은 다음과 같다.

① 광고 기간에 광고 시행을 증명할 수 있는 지면 또는 일시(년, 일, 시간을 증명할 수 있는 보완 사진 포함)
② 수탁 기관이 제공한 광고물의 정확한 사용을 증명하는 사진
③ 제1호와 제2호를 포함해 게재 노출효과를 증명하는 결과보고서
④ 거래명세서

수탁 기관은 정부광고를 요청한 기관에 확인자, 확인 책임자, 확인 일자 등을 명시한 소요 경비의 청구 문서를 송부한다. 수탁 기관은 홍보 매체로부터 해당 정부광고의 시행을 완료하고 소요 경비의 청구를 통지받은 날부터 14일 이내에 정부광고가 적정하게 시행됐는지의 여부를 검사해야 하지만, 정부광고

요청 기관 또는 홍보 매체의 별도 요청이 있는 경우에는 7일 범위 내에서 검사 기간을 연장할 수 있다. 수탁 기관은 소요 경비 등을 확인하기 위해 정부광고 시행 내역을 모니터링을 할 수 있는데, 모니터링에 필요한 외부 인력에 대해 수탁 기관의 예산 범위에서 대가를 지급할 수 있다.

그럼에도 불구하고 일부 매체에서는 실제 약정일과 다르게 광고를 게재하거나, 광고를 게재하지 않고 광고비를 청구하는 사례도 있었다. 이런 사례는 불법에 해당되며, 수탁 기관은 집행한 광고를 반드시 모니터링하는 체계를 갖추어야 한다. 모니터링 방법은 다양하지만 수탁 기관의 인력 문제 등을 고려한다면 외부 협력업체를 선정해 정기적으로 모니터링을 의뢰하는 방법도 활용할 필요가 있다.

소요 경비의 지급 주체

【법률】제8조(소요 경비 지출) ① 문화체육관광부장관은 홍보 매체로부터 정부광고료 및 정부광고에 소요된 경비의 청구가 있을 때에는 이를 확인하여 정부광고를 요청한 기관에 정부광고 증빙자료 및 경비지출 내역 등을 송부하여야 한다.
② 제1항에 따른 정부광고료 및 정부광고에 소요된 경비는 정부광고를 요청한 기관에서 부담하여야 한다.

수탁 기관은 정부광고 집행에 대한 확인서를 제출할 때 소요 경비에 대해 홍보 매체를 '공급자'로 하고, 정부광고 요청 기관을 '공급받는 자'로 해서, 비고란에 수탁 기관을 명기하는 계산서를 발행하고, 지급받을 계좌를 지정해 정부광고 요청 기관에 소요 경비 지급을 요청한다.

수탁 기관은 정부광고 요청 기관에 소요 경비 지출에 관하여 「국가를 당사자로 하는 계약에 관한 법률 시행령」 제58조의 내용에 따라, 대가의 지급 및 제59조의 대가 지급 지연에 대한 이자 등 지급과 관련된 규정을 고지할 수 있다. 정부광고법은 앞에서 언급한 것처럼 정부광고 대상 기관에 지침을 내리는 법률이므로, 거래 관계 등에 관련된 부분은 계약 관련 법령 등의 관련 법령에 따라 업무를 진행하게 된다.

04
정부광고 집행 시의
준수 사항

유사 정부광고의 금지(정부광고법 제9조)

유사 정부광고 행위

> 【법률】제9조(정부기관 등의 유사 정부광고 금지 등) 정부기관 등은 정부광고
> 형태 이외에 홍보 매체나 방송 시간을 실질적으로 구매하는 어떤 홍보 형
> 태도 할 수 없다. 다만, 해당 홍보 매체에 협찬 받은 사실을 고지하거나 「방
> 송법」 제2조 제22호에 따른 협찬고지를 한 경우에는 그러하지 아니하다.

정부광고법 제9조에서는 유사 정부광고를 금지하고 있다.
정부광고법에서는 정부기관 등이 정부광고의 형태 이외에 홍
보 매체나 방송 시간을 실질적으로 구매하는 어떤 홍보 형태도

할 수 없다고 명시했다. 다만, 해당 홍보 매체에 협찬받은 사실을 고지하거나 「방송법」에 따른 협찬고지를 한 경우에는 가능하다며 예외를 인정했다. 이를 보다 구체적으로 설명하면 세 가지로 정리할 수 있다. 첫째, 정부광고 형태 이외에 홍보 매체나 방송 시간을 실질적으로 구매하는 홍보 활동은 협찬 등의 형태를 의미한다. 둘째, 협찬 등의 홍보 형태를 집행하고자 하는 경우에는 반드시 협찬받은 사실을 고지해야 한다(방송 매체의 경우에는 방송법에 따른 협찬고지). 셋째, 협찬 사실을 고지한 경우에는 정부광고의 범주에 속하므로 정부광고법 제5조에 따라 정부광고 시행 절차를 거쳐야 한다.

정부광고법 제9조에서 말하는 유사 정부광고란 협찬 등의 형태로 광고를 집행할 때, 협찬받은 사실을 고지하지 않는 경우를 의미하며 이는 금지 행위에 해당된다. 또한, 협찬 사실을 고지한 경우에는 정부광고의 범주에 속하므로 정부광고법에서 정한 바에 따라 수탁 기관에 미리 의뢰해 집행해야 한다. 협찬받은 사실을 고지하거나 「방송법」에 따른 협찬고지를 한 경우에는 정부광고법 제2조에 명시했듯이, 정부기관 등이 홍보 매체를 이용해 유료고지 행위를 하는 정부광고에 해당된다. 여기에서 금지 예외 조항은 유사 정부광고에 해당되지 않기 때문에 정부광고로 인정한다는 의미인데, 이 부분은 이미 헌법재판소에서 결정한 바 있다.

협찬고지는 광고주가 방송 매체를 이용해 명칭이나 상호, 이미지 또는 상품을 홍보하기 위해 프로그램 등에 재원을 보조하는 광고의 형태라고 판시한 헌법재판소의 결정이다(헌법재판소 2003.12.18.자 2002헌바49 결정). 헌법재판소의 결정문은 헌법재판의 특성상 정의하기 모호한 영역에 대한 최종 결정권을 갖고 있다. 헌법을 비롯한 모든 법령의 의미를 깊이 있게 해석하고 판단함으로써 사회에서 공감할 수 있는 결정을 내리는 것이 헌법재판의 본질이기 때문이다. 협찬고지는 합법적인 광고이자 정부광고에 해당하기 때문에, 정부광고법에 따라 집행하면 된다는 의미를 담고 있다.

헌법재판소의 결정 (2003.12.18.자 2002헌바49 결정) 협찬고지란 방송사업자가 방송제작에 관여하지 않는 자로부터 방송 프로그램의 제작에 직·간접적으로 필요한 경비·물품·용역·인력 또는 장소 등을 제공받고 그 협찬주의 명칭 또는 상호 등을 방송으로 고지하는 행위(방송법 제2조 제22호)로서. 그 본질은 협찬주가 협찬이라는 명목으로 협찬주의 명칭 또는 상호, 이미지 또는 상품을 홍보하기 위해 프로그램 등에 재원을 보조한다는 점에서 상업광고의 한 형태라고 할 수 있고. 그 표현 방식과 내용이 방송 프로그램에 삽입하는 음성. 자막, 화상 등의 형태로 협찬주의 명칭 또는 상호만을 고지하는 것이라는 점에서 방송광고와 구별되어 규율되고 있다.
　　즉, 현행 방송법은 방송광고에 대하여는 그 시간, 횟수 또는 방법 등에 관한 사항을 제한하고(방송법 제73조 2항), 사전 심의를 의무화하고 있으며(방송법 제32조 제2항), 방송광고공사 등의 위탁이 있는 경우에 한하여 행할 수 있도록 규제하고 있으나(방송법 제73조 제5항), 협찬고지에 대하여는 이러한 제한을 가하지 아니하는 대신 정의규정인 방송법 제2조 제22호에 의해 협찬고지의 방식을 협찬주의 명칭 또는 상호 등을 고지하는 것으로 제한하고, 이 사건 법률조항에 의해 그 허용범위 자체를 제한함으로써 그 규율에 갈음하고 있다.

따라서 협찬고지는 그 본질상 방송 매체를 통한 광고이므로 실정법상 광고방송이 허용되는 범위 내에서 이루어져야 한다.

여기에서 가장 중요한 것은 '협찬'과 '협찬고지'의 어의를 명확히 하는 것이다. 「방송법」 관련 규정상 방송에서의 협찬은 "타인으로부터 방송 프로그램의 제작에 직접적·간접적으로 필요한 경비·물품·용역·인력 또는 장소 등을 제공받는 것"을 의미하고, 협찬고지는 「방송법」 제2조 제22호에 "타인으로부터 방송 프로그램의 제작에 직접적·간접적으로 필요한 경비·물품·용역·인력 또는 장소 등을 제공받고 그 타인의 명칭 또는 상호 등을 고지하는 것"이라고 명시돼 있다.[1] 즉, 기업이나 기관 등이 직간접적 이미지의 제고, 광고, 홍보를 목적으로 제공하는 원인 행위 자체가 협찬이고, 그 사실을 표기, 음성 등으로 알리는 것이 협찬고지다. 〈표 4-1〉에 정부광고법 제9조에 대한 논리해석표를 제시하였다.

문제는 방송계에서 협찬을 제작 지원으로만 인정하려 한다는 사실이다. 기업 등은 민간 영역이므로 방송 프로그램에 제

---

1) 협찬고지에 대한 법제처의 법령 해석 결과는 다음과 같다(2019. 5. 7.). "정부광고로 볼 수 있는 협찬고지가 있을 수 있는 바, 정부광고법 제2조 정부광고의 정의에 포섭되는 협찬고지 방식의 홍보에 대해서는 법 제5조가 적용된다고 보는 것이 관련 규정 체계 및 취지에 부합한다."

〈표 4-1〉 정부광고법 제9조에 대한 논리해석표

【법률】제9조(정부기관 등의 유사 정부광고 금지 등) 정부기관 등은 정부광고 형태 이외에 홍보 매체나 방송 시간을 실질적으로 구매하는 어떤 홍보 형태도 할 수 없다. 다만, 해당 홍보 매체에 협찬 받은 사실을 고지하거나 「방송법」 제2조 제22호에 따른 협찬고지를 한 경우에는 그러하지 아니하다.	
• 정부기관 등의 유사 정부광고 금지 등	• 유사 정부광고는 정부광고가 아니므로 금지
• 정부기관 등은 제2조 제3항에 따른 정부광고 형태 이외에 홍보 매체나 방송 시간을 실질적으로 구매하는 일체의 홍보행태를 할 수 없다.	• 유사 정부광고 금지 내용 • 동치관계 (p→~q = ~p∨~q): 법 제2조 제3항에 따른 정부광고가 아니거나 실질적으로 구매하는 일체의 홍보 활동을 할 수 없는 경우 (정부광고법 제2조 제3항의 의미와 같음)
• 다만, 해당 홍보 매체에 협찬 받은 사실을 고지하거나 방송법 제2조 제22호에 따른 협찬고지를 한 경우에는 그러하지 아니하다.	• 좌측 내용에 해당하는 경우에는 유사 정부광고가 아님 • 동치관계 (~(p→~q) = q∧p): 유사 정부광고에 해당하지 않으면서 홍보 매체에 협찬을 고지하거나 방송법 제2조 제22호에 따라 협찬고지를 한 경우 (정부광고법 제2조 제3항의 의미와 같음)

작비 등을 지원할 수 있으나, 정부기관 등은 세금으로 운영되기 때문에 법령으로 지원 내용을 따로 정의하지 않는 한 민간 방송프로그램에 제작비를 지원할 수 없다. 또한 민간 영역에서 단순 제작 협찬을 하는 경우에도 그 목적은 브랜드명 또는 상품의 노출을 통한 홍보에 있을 것이다. 정부기관 등이 협찬을 통해 프로그램 제작을 지원한다면 그것은 정부광고법 제2조에 해당하는 광고 및 홍보활동에 해당하는 것이고, 실제로 집행되는 예산 역시 홍보 예산이다. 그렇다면 방송 협찬 역시 정부광

고법 제5조에 따라 문화체육관광부장관에게 요청하여 시행해야 한다. 「방송법」에 따라 협찬고지를 하거나 홍보 매체에 협찬 사실을 고지하는 경우에는 정상적인 정부광고의 범위로 보고, 정부광고법 제5조의 절차에 따라 문화체육관광부장관이 위탁한 수탁 기관에 요청해서 집행하도록 하고 있다.

정부광고 업무의 위탁(정부광고법 제10조)

정부광고 업무의 위탁과 수수료

> 【법률】 제10조(정부광고 업무의 위탁) ① 문화체육관광부장관은 필요하다고 인정하는 경우 제5조부터 제8조까지에 따른 정부광고 업무를 대통령령으로 정하는 기관이나 단체에 위탁할 수 있다.
> ② 제1항에 따라 정부광고 업무를 위탁받은 기관이나 단체(이하 "수탁 기관"이라 한다)는 수수료를 징수할 수 있다.

문화체육관광부장관은 업무 시행에 필요할 경우에 정부광고법 제5조(광고 의뢰), 제6조(홍보 매체 선정), 제7조(자료 요청), 제8조(소요 경비 지출)에 따른 정부광고 업무를 대통령령으로 정하는 기관이나 단체에 위탁할 수 있다. 시행령 제6조(업무의 위탁)에 따라 현재 문화체육관광부의 산하기관인 한국언론진흥재단에 위탁해 정부광고 업무를 시행하고 있다. 문화체육관광부장

04 정부광고 집행 시의 준수 사항

관으로부터 정부광고 업무를 위탁받은 수탁 기관인 한국언론
진흥재단은 시행령 제6조 제2항에 따라 업무 시행에 필요한 지
침 등의 규정을 문화체육관광부장관의 승인을 받아 정한다.

> **【시행령】제6조(업무의 위탁)** ① 문화체육관광부장관은 법 제10조 제1항에
> 따라 법 제5조부터 제8조까지의 규정에 따른 정부광고 업무를 「신문 등의
> 진흥에 관한 법률」 제29조에 따른 한국언론진흥재단에 위탁한다.
> ② 제1항에 따라 정부광고 업무를 위탁받은 한국언론진흥재단(이하 "수탁 기
> 관"이라 한다)은 문화체육관광부장관의 승인을 받아 정부광고 업무를 처
> 리하기 위해 필요한 사항을 정할 수 있다.

　수탁 기관인 한국언론진흥재단은 정부광고 업무 대행에 대
한 수수료를 정부광고를 요청한 정부기관 등으로부터 징수한
다. 수탁 기관이 정부광고 대행 업무를 통해 징수하는 수수료
는 정부광고료의 100분의 10으로 하고 있다. 여기에서 중요한
것은 대행 업무에 대한 수수료를 정부기관 등으로부터 직접 징
수해서 받는다는 사실이다. 정부광고법의 취지에 따라 정부광
고 전문기관을 지정해 정부광고의 질적 향상과 효율적인 운영
을 도모하는 바, 정부광고주의 요청에 따라 한국언론진흥재단
은 미디어 전략의 방향을 설정하고 미디어 믹스를 제안하는 등
미디어 플래닝 서비스를 제공할 수 있다.
　이처럼 전문기관을 통해 정부광고를 운영하면 결국 정부
광고주는 전문기관의 정부광고에 대한 폭넓은 지원과 서비

스의 질적 향상을 기대하게 된다. 이에 따라 매체대행 수수료(commission) 방식이 아닌 정부광고주로부터 정부광고 대행 서비스에 대해 수수료를 징수하는 광고대행 수수료(fee) 방식이 채택됐다. 다만, 「방송광고 판매대행 등에 관한 법률」 제5조에 따라 광고 판매대행자가 위탁한 방송광고는 광고 판매대행자로부터 수수료를 징수한다. 정부광고법 제정 이전의 방식인 매체대행 수수료 방식을 그대로 따르는 것이다. 다만 이 경우에도 대행 수수료는 방송광고 판매액의 100분의 10으로 동일하게 징수하도록 하고 있다.

> **【시행령】 제7조(수수료의 징수)** ① 수탁 기관은 법 제10조 제2항에 따라 수수료를 징수하는 경우에는 정부광고를 요청한 정부기관 등으로부터 수수료를 징수해야 한다. 다만, 「방송광고 판매대행 등에 관한 법률」 제5조에 따라 광고 판매대행자가 위탁한 방송광고는 광고 판매대행자로부터 수수료를 징수해야 한다.
> ② 제1항에 따른 수수료는 법 제8조에 따른 정부광고료의 100분의 10으로 한다. 다만, 제1항 단서에 따라 광고 판매대행자로부터 수수료를 징수하는 경우에는 「방송광고 판매대행 등에 관한 법률 시행령」 제11조 제2항에도 불구하고 같은 조 제1항에 따른 방송광고 판매액의 100분의 10으로 한다.

　정부광고 대행 수수료의 청구는 광고 의뢰 건별로 의뢰 사항을 시행하고 완료했을 때, 사전에 정부광고를 요청하는 기관 담당자에게 전자문서로 통지하고, 수수료의 산정 내역서를 첨부한 계산서를 발행해 청구한다. 다만, 홍보 매체에 시행하는 광고 기간이 30일을 초과하는 광고 의뢰에 대한 수수료의 청구는 정부광고를 요청하는 기관과 협의해서 조정할 수 있다. 한국언론진흥재단은 정부광고를 요청하는 기관에 수수료 명세서를 첨부한 계산서를 발행해 지급받을 계좌를 지정해 수수료 지급을 요청하고, 한국언론진흥재단은 입금된 수수료를 건별로 조회하고 확인 후 결재 처리한다.

수수료의 사용

> **【법률】제10조(정부광고 업무의 위탁)** ③ 수탁 기관은 제2항에 따라 징수된 수수료를 문화체육관광부장관의 승인을 받아 다음 각 호의 지원에 사용하여야 한다.
> 1. 신문, 인터넷신문, 인터넷뉴스서비스, 뉴스통신 및 잡지의 진흥을 위한 지원
> 2. 방송, 광고 진흥을 위한 지원
> 3. 그 밖에 언론진흥을 위하여 대통령령으로 정하는 사항
> ④ 그 밖에 수수료의 징수와 사용에 필요한 사항은 대통령령으로 정한다.

정부광고 수수료의 수탁 기관인 한국언론진흥재단은 징수된 수수료를 문화체육관광부장관의 승인을 받아, 정부광고법 제10조 제3항 각 호에 해당하는 지원 등의 사업에 사용해야 한다. 정부광고법 제10조 제3항에서 명시하고 있는 수수료의 사용 범위는 다음과 같다.

1. 신문, 인터넷신문, 인터넷뉴스서비스, 뉴스통신 및 잡지 등이 진흥을 위해 시행하는 저널리즘 교육, 인프라 구축, 연구 및 개발 등의 사업에 지원한다.

2. 방송 뉴스의 품질 개선, 저널리즘 교육 등과 광고산업 인프라 구축, 광고 환경 분석, 광고효과 조사 등 광고 진흥을 위한 사업 및 관련 단체 등의 진흥 활동에 지원한다.

3. 그 밖에 언론진흥을 위하여 대통령령으로 정하는 사항은 영 제8조에 명시한 내용으로 다음과 같은 사항을 말한다.

   ① 「신문 등의 진흥에 관한 법률」 제34조에 따른 언론진흥기금(이하 "언론진흥기금"이라 한다)에 출연함으로써 언론진흥에 기여하도록 한다.

   ② 미디어교육 지원 사업을 통해 민주주의와 언론의 사회적 발전에 기여하도록 한다.

   ③ 정보격차 해소를 위해 낙후된 미디어 환경을 개선하고 정보를 공유할 수 있는 환경 구축 사업에 지원한다.

   ④ 그 밖에 문화체육관광부장관이 필요하다고 인정하는 언론진흥 사업에 지원한다.

【시행령】제8조(언론진흥을 위한 수수료 사용) 법 제10조 제3항 제3호에서 "대통령령으로 정하는 사항"이란 다음 각 호의 사항을 말한다.
1. 「신문 등의 진흥에 관한 법률」 제34조에 따른 언론진흥기금(이하 "언론진흥기금"이라 한다)에 대한 출연
2. 미디어교육 지원 사업

정부광고법 제10조 제4항에서 명시하는 그 밖에 수수료의 징수와 사용에 필요한 사항은 정부광고법 시행령 제9조에 명시했다. 수탁 기관은 정부광고법 제10조 제3항의 지원 외에 문화체육관광부장관의 승인을 받아 다음과 같은 내용에 해당하는 사업의 지원에 사용해야 한다. 수탁 기관은 정부광고법 제10조 제3항과 시행령 제8조에 따른 지원 사업, 정부광고법 제10조 제4항과 시행령 제9조에 따른 지원 사업에 수수료를 사용하고 잔액이 발생하는 경우에는 언론진흥기금에 출연해야 한다. 정부광고 수수료로 거둬들인 수익은 모두 공적인 용도로 사용되는 것을 의미한다.

【시행령】제9조(그 밖의 수수료 사용) ① 수탁 기관은 법 제10조 제2항에 따라 징수된 수수료를 법 제10조 제3항 각 호의 지원 외에 다음 각 호의 용도에 사용해야 한다.

1. 정부광고 품질 향상에 관한 사업

2. 공익광고 사업

3. 제3조 제1항에 따른 민간 광고 제작사 등의 광고물 제작 등에 대한 대가의 지급

4. 제12조에 따른 정부광고 업무종사자에 대한 교육의 지원 사업

5. 수탁 기관의 인건비 및 운영 경비

② 수탁 기관은 제1항에 따라 수수료를 사용하고 잔액이 발생하는 경우에는 언론진흥기금에 출연해야 한다.

이와 같이 정부광고 대행에 따른 수수료 수입의 전액은 언론 진흥을 비롯한 공적 영역에 사용된다. 일반 상업광고의 대행 수수료는 민간 광고회사의 이윤으로 귀착되지만, 정부광고 대행 수수료는 언론진흥기금으로 출연돼 기자 교육, 연구조사, 세미나, 국제 언론교류 같은 언론 활성화를 위한 공익적 사업에 사용되고 있다. 한국언론진흥재단에서 정부광고를 대행하면 모든 대행 수수료가 공익적 사업에 활용되지만 정부광고가 민간 광고회사로 넘어가면 그렇지 못하다는 뜻이다. 또한, 여러 정부기관이 다양한 사회적 이슈에 대해 적극적으로 대처하면서 정부광고를 통한 공공 커뮤니케이션 활동을 적극적으로 전개할 수 있다는 점도 정부광고 수수료 사용의 순기능이다.

언론진흥기금은 신문법 제31조와 제34조에 따라 한국언론진흥재단이 조성, 관리, 운용하는 기금으로 언론진흥기금의 관리 주체는 한국언론진흥재단이다. 한국언론진흥재단이 정부광고 업무를 통한 수수료를 언론진흥기금에 출연해 사용하는 이유는 헌법의 내용처럼 민주주의 사회에 필수불가결한 언론의 기능을 보장하기 위한 것이다. 언론진흥기금의 재원은 한국언론진흥재단의 정부광고 수수료 수익금이 국고로 환수돼 재배정되는 형태로 운용되고 있다. 한국언론진흥재단은 정부광고법과 관련하여 신문법에 명시된 언론진흥과 관련된 지원 사업을 수행하기 위해 2010년 이후 매년 정부광고 수수료로 거둬들인 수익을 언론진흥기금에 출연하고 있다.

정부광고에 대한 지휘 감독(정부광고법 제11조)

지휘 감독의 필요성

【법률】제11조(지휘ㆍ감독) ① 문화체육관광부장관은 제10조 제1항에 따른 기관을 지휘ㆍ감독하며, 필요하다고 인정하는 경우 사무의 처리에 필요한 지시, 조치 및 보고를 명할 수 있다.

② 문화체육관광부장관은 제10조 제1항에 따른 기관의 사무 처리가 위법 또는 부당하다고 인정하는 경우 그 처분을 취소하거나 정지시킬 수 있다.

③ 문화체육관광부장관은 제2항에 따라 해당 사무를 취소 또는 정지시키고자 하는 경우 그 취소 또는 정지의 사유를 문서로 기관에 통보하고 미리 의견진술의 기회를 주어야 한다.

정부광고의 수탁 기관은 시행령 제10조 제1항에 따라 매월 정부광고를 집행한 실적을 매체별로 분류해 문화체육관광부장관에게 제출해야 한다. 문화체육관광부장관은 수탁 기관의 사무 처리가 위법 또는 부당하다고 판단되는 이유와 근거가 있을 경우에는 그 업무에 문제를 제기하고 의견 진술을 청취해야 한다. 그런 연후에 문화체육관광부장관은 정부광고법 제10조 제1항에 명시된 권한에 따라 정부광고 업무의 위탁과 그에 대한 수수료 징수에 대한 권한을 취소하거나 정지시킬 수 있다.

비밀 누설의 금지(정부광고법 제12조)

비밀 유지의 중요성

> **【법률】 제12조(비밀누설의 금지)** 수탁 기관의 임원 또는 직원이나 그 직에 있었던 사람은 그 직무상 알게 된 비밀을 누설하여서는 아니 된다.

수탁 기관의 임원 또는 직원이나 그 직에 있었던 사람은 그 직무상 알게 된 비밀을 누설할 수 없도록 법적으로 금지하고 있다. 정부광고를 대행하는 수탁 기관이 직무상 알게 되는 비밀은 정부광고 요청 기관 등의 정보, 정부광고 요청 기관 등의 매체별 정부광고 집행액, 정부광고를 시행하는 홍보 매체의 거래 내역, 정부광고 요청 기관과 홍보 매체사에 대한 정보, 정부광고 업무 관련 종사자의 개인정보 등이 해당된다.

정부광고의 대행 업무를 하며 알게 되는 대부분의 정보는 정부광고 대행 서비스의 대상자인 정부기관 등에 관련된 정보이다. 수탁 기관은 정부광고주의 정부광고 집행 업무를 대행하는 기관으로, 매체 계약의 당사자는 정부광고주이므로 알게 된 정보는 수탁 기관의 소유가 아닌 정부광고주의 소유가 된다. 따라서 업무 과정에서 알게 된 정보는 수탁 기관이 공개할 권한이 없으며, 이에 대한 비밀 사항을 누설할 경우에는 법에 따라 처벌을 받게 된다.

04 정부광고 집행 시의 준수 사항

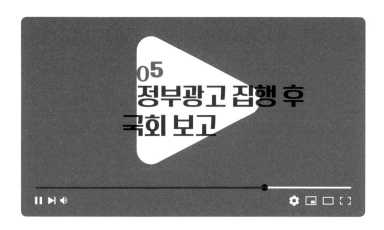

05
정부광고 집행 후
국회 보고

시정 조치의 요구(정부광고법 제13조)

시정 조치

> **【법률】제13조(시정 조치 요구)** 문화체육관광부장관은 정부기관 등의 장이 제5조를 위반한 경우 시정 조치를 요구할 수 있다. 이 경우 정부기관 등의 장은 이에 따라야 한다.

문화체육관광부장관은 정부기관 등의 장이 정부광고법 제5조에 따른 광고 요청과 의뢰 절차를 지키지 않고 임의대로 직접 매체사와 거래해 정부광고를 시행한 경우에는 시정 조치를 요구할 수 있다. 국가에서 제정한 법을 어긴 정부기관 등을 제어하기에는 미진한 내용인데, 정부광고법에서 해당 정부기관 등에 대한 지침을 명시한 것임에도 불구하고 이해타산에 의해 시정 조치가 약화될 가능성이 있다는 문제가 있다. 주무 부처인 문화체육관광부가 동등한 위상의 정부 부처와 그 산하기관에 법 준수를 강제하기 어렵다는 행정 현실을 엿볼 수 있다.

수탁 기관은 정부기관 등이 정부광고법 제5조를 위반해 임의대로 정부광고를 시행했을 때, 다음에 해당하는 경우를 제외하고는 문화체육관광부장관에게 시정 조치 사항을 보고하도록 정부광고법에 명시돼 있다. 첫째, 매체사가 정부광고법 제5조에 의한 의뢰 없이 임의로 광고를 시행한 경우이고, 둘째, 매체사가 정부기관 등의 동의를 받아 정부광고법 제5조에 의한 의뢰 없이 광고를 시행한 경우이다.

그렇지만 수탁 기관의 법적 지위로 인해 논란이 일어날 수 있다는 문제점이 있다. 수탁 기관이 정부광고법 제5조를 위반한 정부기관 등을 알아내기 위해서는 지속적으로 조사해야 하는데, 현행 정부광고법 어디에도 그와 같은 권한을 명시한 조항이 없다. "위반한 경우 시정 조치를 요구할 수 있다."라고만 명시돼 있기 때문에, 주무 부처인 문화체육관광부도 위반 여부를 감시하거나 조사하는 과정에서 이해 충돌 문제가 발생할 수 있다. 물론 정부광고법 제5조를 해석하는 관점에 따라, 시정 조치를 위한 관리감독권이 부여된 것이라고 해석할 수도 있지만, 자칫 법률적인 권한 시비에 휘말릴 수 있기 때문에 주무 부처에서 능동적인 역할을 수행하기가 현실적으로 어렵다.

　보다 중요한 대목은 광고시장에서 광고의 형태나 유형이 매우 다양하고 매체 또한 급격히 세분화되고 있다는 사실이다. 가령 온라인 광고라는 대분류를 보더라도, 그 영역에는 인터넷 포털 광고를 비롯해 유튜브, 페이스북, 인스타그램 등에 노출되다 사라지는 광고도 포함된다. 이들 광고의 경우에는 상시적으로 관리 감독을 하지 않는다면 정부광고법 제5조를 위반했는지 알 수가 없다. 옥외광고 영역의 디지털 사이니지 광고도 마찬가지다. 그 밖에 새롭게 등장하는 이른바 신유형 광고[1]는 정해진 노출 예정 시각을 알 수 없기 때문에 파악할 수 없다. 결국 정부광고법 제5조의 이행 여부는 정부기관 등의 자율적 실천에 맡길 수밖에 없다. 주무 부처인 문화체육관광부는 지속적인 홍보와 계도를 통해 정부광고법의 대상 기관인 정부기관 등이 정부광고법 제5조를 준수할 수 있는 환경을 구축해야 한다.

> 【시행령】 제11조(시정 조치 결과의 통보) 법 제13조 전단에 따라 문화체육관광부장관으로부터 시정 조치를 요구받은 정부기관 등의 장은 조치 결과를 문화체육관광부장관에게 통보해야 한다.

---

1) 모바일 광고, 디지털 연동 옥외광고(스캐닝 기법 활용), 제작 자체가 협찬에 해당되는 광고 등이다.

문화체육관광부장관에게 시정 조치를 받은 정부기관 등의 장은 시정한 내용을 문화체육관광부장관에게 보고해야 하는데, 이 과정에도 상당한 괴리가 있다. 첫째, 어떻게 시정하라는 시정 조치 요구사항이 법령에 뚜렷하게 명시되지 않았기 때문에 추상적인 형태의 행정 활동으로 약화될 가능성이 있다. 둘째, 시정 조치 권한의 문제이다. 정부기관 등에 문화체육관광부가 단독으로 시정 조치를 요구하기에는 부담이 크고, 강제력을 행사하기 어렵다는 점이다. 셋째, 정부광고 매체인 언론사 등이 집단적으로 반발하는 까닭에 정부 부처에서 제어하기 쉽지 않다는 점이다.

이런 문제로 인해 문화체육관광부가 정부광고법의 불이행 기관에 시정 조치를 내리기 위해, 실제로 국무총리실이나 국민권익위원회 등과 공조해 불이행 사실을 검증하고 시정 조치를 내린 사례도 있다. 시정 조치를 이행하지 않았을 경우에 추가로 제재하는 방안을 마련하지 않은 것도 약점에 해당된다. 정부광고법의 초안에는 시정 조치 불이행 기관 등에 대한 법적 제재조치 내용이 있었으나, 법조문을 조정하는 과정에서 이해관계에 따라 그 내용이 삭제됐다. 물론 불이행 사항에 대해 법적으로 통제하는 것만이 능사는 아니지만, 법제도의 안착과 사회적 선순환을 위해서는 시정 조치가 법의 취지대로 작동할 수 있도록 하는 것이 바람직하다.

집행 결과의 국회 보고(정부광고법 제14조)

국회보고의 의무

【법률】제14조(국회 보고) 문화체육관광부장관은 정부광고에 대한 집행내용 등을 다음 연도 5월 31까지 국회에 보고하여야 한다.

문화체육관광부장관이 수탁 기관의 장으로부터 해당 연도의 정부광고 집행내역과 집행규모 등의 자료를 받아, 다음 연도 5월 31일까지 국회에 보고하도록 명시한 이유는 법률의 원활한 안착과 시행에 필요했기 때문이다. 정부광고법의 시행 과정이나 내용 전반에 대한 사항을 입법기구이자 국정감사를 시행하는 국회에 보고함으로써, 상호 견제와 제도의 안정적 유지를 기대할 수 있었다.

정부광고법은 정부광고주의 광고 집행에 대한 지침을 명시했기 때문에, 혹시 여타의 목적에 따라 법의 이행을 의도적으로 거부하거나 제도에서 이탈할 가능성이 엿보일 경우에는 가장 효율적으로 제어할 수 있다. 수탁 기관의 장이 문화체육관광부장관에게 제공하는 정부광고의 집행 내역과 집행 규모는 다음과 같다. 광고주가 집행한 매체영역별 정부광고의 집행 내역, 홍보 매체 유형에 따른 광고 집행 규모, 전년 대비 정부광고의 집행 규모, 정부광고 집행 규모의 변화 추이 등이다.

벌칙 적용에서 공무원 의제(정부광고법 제15조)

벌칙 적용의 기준

> **【법률】제15조(벌칙 적용에서 공무원 의제)** 제10조 제1항에 따라 위탁받은 업무에 종사하는 임원 및 직원이 정부광고 업무를 수행하는 경우에는 「형법」제129조부터 제132조까지에 따른 벌칙의 적용에서는 공무원으로 본다.[2]

정부광고는 민간 광고와 마찬가지로 정부광고주와 관련된 많은 정보와 비용에 관한 내용을 명시했다. 정부광고법 제15조는 이 과정에서 자칫 발생할 수 있는 정보의 누출이나 자금 유용 같은 사고가 발생할 경우에는 처벌할 수 있는 근거와 수위를 다루고 있다. 정부광고 대행 업무를 수행하는 한국언론진흥재단은 법제상으로는 문화체육관광부의 산하 기관이지만 그 구성원들이 공무원 신분은 아니기 때문에, 유사시에 제어할 수 있는 법령의 기준을 제시한 것이다. 이에 따라 정부광고 수탁 기관의 종사자가 정부광고 업무를 수행하는 과정에서 형법상의 수뢰, 제3자 뇌물 제공, 알선수뢰 등의 불법 행위를 저지를 경우에 공무원과 동일한 기준에 따라 처벌한다는 사실을 분명

---

2) 의제(擬制)란 본질은 같지 않지만 법률에서 다룰 때는 동일한 것으로 처리해 동일한 효과를 부여한다는 법률 용어다. 여기에서는 공무원에 준하는 것으로 보는 직무를 의미한다.

히 환기함으로써, 정부광고의 대행 업무를 투명하게 처리할 수 있도록 했다.

비밀 누설에 대한 벌칙(정부광고법 제16조)

벌칙의 기준

【법률】제16조(벌칙) 제12조를 위반하여 비밀을 누설한 자는 1년 이하의 징역 또는 1천만 원 이하의 벌금에 처한다.

정부광고법 제16조는 동법 제15조와 연계되는 내용이다. 만약 정부광고법 제12조를 위반해 정부광고 요청 기관 등의 정보를 누설한 자는 정부광고법 제15조의 공무원 의제를 적용해 1년 이하의 징역 또는 1천만 원 이하의 벌금에 처하게 된다. 단순한 정보유출이 지니는 무게와 형량 등을 비교하면 다소 과하다는 느낌도 있다. 하지만 광고대행 업무에 있어서 정보 유출은 정부광고주와의 신뢰를 저버리는 행위이며 법제도의 근간을 흔드는 사안이기 때문에 법령으로 정한 것이다.

비밀의 범위(정부광고법 제12조)

> **【법률】 제12조(비밀누설의 금지)** 수탁 기관의 임원 또는 직원이나 그 직에 있었던 사람은 그 직무상 알게 된 비밀을 누설하여서는 아니 된다.

정부광고법 제12조는 수탁 기관의 임직원이나 그 직을 수행했던 사람에 대한 비밀 유지를 명시한 내용이다. 여기에서 논란이 되는 부분은 「공공기관의 정보공개에 관한 법률」(정보공개법)을 근거로, 정부광고주가 민간 매체에 집행한 광고 내역을 공개하라는 정보 공개 청구가 빈번히 나타나는 현실이다. 정보 공개를 청구하는 사람들은 "한국언론진흥재단이 공공기관이므로 당연히 정보를 공개해야 한다."라는 논리로 무장하고 정보 공개를 주장하지만, 이런 논리를 보다 엄밀하게 살펴볼 필요가 있다.

먼저 「정보공개법」 제3조(정보공개의 원칙)는 "공공기관이 보유·관리하는 정보는 국민의 알 권리 보장 등을 위하여 이 법에서 정하는 바에 따라 적극적으로 공개하여야 한다."라는 내용이다. 주목할 부분은 공공기관이 '보유하고 관리하는 정보'에 국한된다는 대목인데, 이 조항에 따르면 수탁 기관이 알 수 있는 정부광고주와 민간 매체의 거래관계 정보는 수탁 기관이 보유하는 정보에 해당되지 않는다.

여기에서 '보유'의 개념을 보다 구체적으로 살펴볼 필요가 있다. 사전적 정의로 보유(保有)는 가지고 있거나 간직하고 있음을 의미한다. 가지고 있거나 간직하고 있다는 개념에는 '소유(所有)'의 의미도 해당된다. 그렇다면 광고주와 매체사의 거래 정보가 광고회사의 소유물인지의 여부가 중요한 쟁점이 될 수 있다. 만약 광고 거래의 내역이 광고회사의 소유물이고 광고회사가 보유한 정보라면 광고회사인 수탁 기관은 정보공개의 책임을 지게 되지만, 이 역시 정부광고법 제12조에 따른 비밀에 해당되므로 공개할 의무가 없다. 반면에 정부광고의 거래 내역이 수탁 기관의 소유물인 보유하고 있는 정보가 아니라면, 수탁 기관은 정보 공개 청구에 응할 이유가 없다. 수탁 기관의 정보가 아니기 때문이다.

나아가 또 다른 논점은 '알고 있는 정보'에 대한 부분이다. 광고 거래 내역은 수탁 기관이 알고 있는 정보임에 틀림없기 때문에 가지고 있는 정보가 분명하다는 주장도 있지만, 정보의 소유권은 엄연히 1차적으로 광고주가 가지고 있으며 광고회사인 수탁 기관에게 양도한 적이 없으므로 그런 논리가 성립되지 않는다.[3] 다시 말해서 광고 업무를 대행하는 광고회사인 수탁 기관은 광고 거래 내역 등의 정보에 대한 소유권이 없고 보유

---

3) 부동산 세법 중에서 '보유세'의 개념이 가장 확실한 법률적 사례이다. 부동산 보유세는 소유 주체가 납부하는 것이지, 부동산 정보를 알고 있는 공인중개사가 납부하는 세금이 아니다. 즉, 보유라는 개념은 법률에서 법적 재산권을 지닌 대상이므로, 광고 정보의 보유도 광고에 대한 권리를 지닌 주체에 국한된다.

할 수도 없다. 수탁 기관은 정부광고법에서 명시한 대로 정부 광고주의 광고 업무를 대행하는 역할만 할 뿐이다. 물론 수탁 기관이 정부광고주로부터 받은 정부광고 대행 수수료 수입에 대한 사용 내역을 공개하라고 청구한다면 명명백백히 공개하는 것이 합당하다.

또 다른 문제는 정부광고주의 광고 집행 내역은 정부광고법 제12조의 비밀에 해당되며, 이를 수주한 매체는 민간 신분이므로 「정보공개법」의 적용 대상이 아니라는 점이다. 즉, 정부광고와 관련한 정보 공개 의무는 정보 소유자인 정부광고주의 몫이며, 매체사는 그럴 의무가 없다. 따라서 만약 언론사에게 수탁 기관인 한국언론진흥재단에 정보 공개를 청구하면 다음과 같이 대응할 필요가 있다.

"정부광고의 거래 내역은 정부광고를 의뢰하고 매체비 등을 지불한 요청 기관이 권리를 가지는 정보이므로 수탁 기관의 보유물이 아닙니다. 또한 수탁 기관은 정부광고 대행 업무를 위탁받았을 뿐 해당 정보의 관리권까지 이양받지는 않았으므로 정보에 대한 권리가 없습니다. 더불어 광고 거래 내역은 「정보공개법」의 대상이 아닌 민간 매체사와 관련된 정

---

4) 「정보공개법」제4조(적용 범위)의 제1항은 "정보의 공개에 관하여는 다른 법률에 특별한 규정이 있는 경우를 제외하고는 이 법에서 정하는 바에 따른다."라고 명시돼 있다. 따라서 정부광고법 제12조의 내용을 준용하면 정보공개 청구에 대한 명확한 지침이 정립된다.

보이므로 회피 대상이 될 수 있습니다. 가장 중요한 것은 정부광고법 제12조에 비밀누설 금지 조항이 있으므로 수탁 기관은 이를 준용해야 하며, 이 조항은 「정보공개법」 제14조에서 정한 바에 따른 것입니다. 정부광고 거래 내역에 대한 정보가 필요할 경우에는 정보 보유권이 있는 해당 정부기관 등에 요청하면 됩니다."[4]

무엇보다 중요한 부분은 광고 거래 내역이 광고회사가 지켜야 할 1급 비밀이라는 점이다. 광고주가 위임해 거래한 내역을 광고회사가 노출하면 엄청난 손해배상 청구대상이 된다. 이런 사실을 정부광고와 관련된 업무를 수행하는 모든 사람이 충분히 알고 있어야 한다. 특히, 정부광고의 경우에 거래 내역이 노출되면 수많은 매체사들의 경합과 항의 방문 때문에 정부광고주의 업무 환경이 심각하게 훼손될 수 있다. 매체에 집행한 거래 가격 등을 문제 삼아 광고주 간의 분란도 발생할 수 있기 때문에, 만약 거래 내역이 노출된다면 광고회사의 역할을 담당하는 수탁 기관은 존재의 의미가 급격히 상실된다.

06
정부광고의
시행 실무

연간 계획의 수립

정부광고법 제3조 "국가 등의 책무"에 따라 정부기관 등은 체계적인 정부광고 집행을 위해 매년 기관별로 정부광고에 관련된 연간 계획을 의무적으로 수립해야 한다(계획 수립). 그리고 정부광고법 제5조에 따라 정부기관 등의 장은 정부광고의 시행에 필요한 연간 계획을 정부광고를 요청하기 전에 수립해야 한다. 계획에 필수적으로 포함해야 하는 주요 내용은 양식과 분량에 있어서 별도의 규정이 없기 때문에 기관별 특성에 맞게 자율적으로 수립하면 된다. 구체적인 지원 사항을 보면 다음과 같다. 정부광고법 시행령 제2조에 따라, 정부기관 등에서 연간 계획을 수립할 때 필요한 사항이 있는 경우에는 수탁 기관인 한국언론진흥재단에서 지원해야 하며(수립 지원), 한국 언론진흥재단에서는 다음과 같은 세부 자료를 지원할 수 있다.

첫째, 정부기관 등이 정부광고를 시행하는 데 필요한 홍보 매체에 관한 자료를 지원할 수 있다. 인쇄 매체의 경우에는 발행부수, 유가부수, 예비공사 자료 같은 세부 자료를 지원할 수 있다. 방송 매체의 경우에는 시청률 자료와 청취율 자료를, 인터넷 매체의 경우에는 방문자 수나 이용횟수 등의 자료를, 옥외 매체의 경우에는 이용자 규모 등의 자료를 지원할 수 있다. 둘째, 정부기관 등이 홍보 매체 전략을 수립하는 데 필요한 자료를 지원할 수 있다. 셋째, 그 밖에 정부광고의 품질 향상에 필요한 자료를 지원할 수 있다. 예컨대, 정부광고 시행에 필요한 대내외 환경 분석 자료, 정부광고 목표 설정 등 전략 방향을 설정하는 데 필요한 자료, 정부광고 시행에서 예산 산정에 필요한 제안 자료, 정부광고의 제작 방향을 제안하는 자료, 정부광고 시행의 효과 분석에 관한 자료 등이다.

정부광고 시행의 세부 절차

정부광고 컨설팅

정부광고를 시행할 경우에 정부광고법을 준수하자는 차원에서 가장 먼저 대행업무 수탁 기관인 한국언론진흥재단에 사전 상담 절차를 거치는 것이 바람직하다(사전 컨설팅). 사전에 상담 절차를 거치는 과정에서 기관별 담당자의 안내에 따라 정부광고통합지원시스템 고애드(GOAD)의 상담창구를 통해 전화와 이메일 등을 활용할 수 있다(상담창구 및 수단). 광고효과의 극대화와 예산 집행의 효율성을 제고하기 위해 문화체육관광부 주관으로 '정부광고 소통나눔반'을 운영하고 있으니 적극적으로 참여할 필요가 있다. [그림 6-1]에서 정부광고 소통나눔반의 컨설팅 과정을 확인할 수 있다.

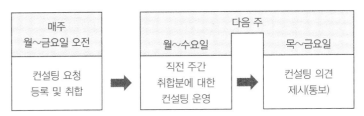

[그림 6-1] 정부광고 소통나눔반의 컨설팅 과정

정부광고 소통나눔반의 운영 대상은 43개 중앙행정기관(장관급 23개, 차관급 20개)의 부, 처, 청, 위원회이며, 소통나눔반의 운영 결과가 연말에 부처 평가에 반영된다(① 부처 특정평가(100점) 중 정책소통(15점) 부문 0.5점 반영, ② 컨설팅을 통해 도출된 시사점과 우수·미흡사례 각 부처 공유(우수사례 등에 대해 정책소통 관련 정부포상 반영). 소통나눔반 운영의 개요는 다음과 같다. 문화체육관광부(국민소통실), 한국언론진흥재단(광고 기획팀), 외부 전문가(광고 분야)로 컨설팅 전담팀을 구성해, 각 부처에 컨설팅 결과를 신속히 제공한다. 정부광고 품질의 제고 방안, 정부광고 내용과 메시지, 광고 집행의 적정 시기 등을 체계적으로 검토한 다음, 소통나눔반의 컨설팅 내용을 종합적으로 제시한다.

광고 의뢰

광고주는 사전에 한국언론진흥재단과 충분히 협의한 사전 컨설팅 내용을 바탕으로 [그림 6-2]와 같은 정부광고 요청서를 작성해 수탁 기관인 한국언론진흥재단으로 제출한다. 제출 방법은 정부광고통합지원시스템(www.goad.or.kr, 광고 의뢰 창구)에 올리거나 공문을 통해 한국언론진흥재단에 제출하면 된다(제출 창구). 요청 서식에 따라 정부광고 요청서에 광고 의뢰 내용을 작성하는 방법은 다음과 같다.

① 요청 기관 작성: 기관명과 기관의 대표자, 광고를 의뢰하는 담당자의 소속 부서명과 담당자의 이름, 지출을 담당하는 부서명과 담당자의 이름을 차례로 기입한다.

■ 정부기관 및 공공법인 등의 광고시행에 관한 법률 시행규칙 [별지 서식]

정부광고 요청서

※[ ]에는 해당되는 곳에 ✓표를 합니다.

요청 기관	기관명(대표자) 예시: **국무총리실(홍길동)**
	부서명(담당자) 예시: **국정홍보과(김대한)** (전화번호: 044-333-5555)
	부서명(지출 담당자) 예시: **예산회계과(이민국)** (전화번호: 044-333-6666)

[그림 6-2] 정부광고 요청서 양식

② 요청 내용: 광고 컨설팅 과정에서 〈표 6-1〉과 같은 정부광고 요청서의 요청 내용에 결정한 광고건의 명칭, 광고를 시행할 기간, 광고의 규격, 광고를 하고자 하는 홍보 매체 등을 기입한다.

〈표 6-1〉 정부광고 요청서의 요청 내용

요청 내용	광고건 명 (예시) 3 · 1운동 ***주년 기념
	광고 기간 (예시) 20**년 *월 **일~*월 **일
	광고 규격 (예시) 프라임타임 캠페인(30초)
	홍보 매체 (예시) 지상파 TV 3개사(KBS, MBC, SBS) 및 종교방송

③ 광고물 제작 여부 등: 신문과 방송 등에 나갈 광고물을 외부에 맡겨 제작할 필요가 없는 경우에는 자체 제작에 체크하고, 한국언론진흥재단이나 민간 대행사 등에 광고 콘텐츠 제작을 맡겨야 하는 경우에는 제작 의뢰에 표기한다. 〈표 6-2〉에 제시한 정부광고 요청서의 광고물 제작 여부에 체크하면 된다.

〈표 6-2〉 정부광고 요청서의 광고물 제작 여부

광고물 제작 여부 등	[ ] 자체 제작 [✓] 제작 의뢰

④ 소요 금액: 정부광고주는 한국언론진흥재단과 사전에 협의한 정부광고료, 소요 경비, 수수료를 기재한다. 〈표 6-3〉에 제시한 내용은 정부광고 요청서의 소요 금액을 사례로 제시한 것이다.

〈표 6-3〉 정부광고 요청서의 소요 금액

소요 금액	① 정부광고료 (광고 집행액)	(예시) 250백만 원
	② 소요 경비 (①을 제외한 비용 등)	(예시) 50백만 원
	③ 수수료 (①의 100분의 10)	(예시) 25백만 원
	합계(①+②+③)	(예시) 325백만 원

⑤ 직인 및 붙임서류 첨부: 정부광고 요청서에 [그림 6-3]과 같이 광고를 의뢰하는 날짜를 명시하고, 요청 기관명을 기입한 후에 직인을 날인해서 제출하고, 추가 제출 서류가 있는 경우에는 붙임서류를 표기한다. 다만 정부광고통합시스템의 해당 기관 정보에 직인의 이미지 파일을 등록하면 시스템을 통해 정부광고를 의뢰할 때 자동적으로 날인된다.

「정부기관 및 공공법인 등의 광고시행에 관한 법률」제5조, 같은 법 시행령 제3조 제2항 및 같은 법 시행규칙 제2조에 따라 위와 같이 정부광고를 요청하오니 조치하여 주시기 바랍니다.

20**년 월 일

요청 기관명

문화체육관광부장관 귀하

붙임 서류	(예시) 제작조건표

[그림 6-3] 정부광고 요청서에서 직인 및 붙임서류

매체 구매와 광고 콘텐츠 제작

한국언론진흥재단은 정부광고주가 요청한 의견을 우선적으로 고려해서 홍보 매체를 선정하고, 광고주를 대신해 매체의 구매와 집행 업무를 진행한다. 매체 선정에 있어서 광고주는 한국언론진흥재단의 컨설팅 내용을 참고해 광고를 집행하기를

원하는 매체를 정부광고 요청서에 기입하고, 한국언론진흥재단은 이에 따라 일련의 정부광고 집행 절차를 이행한다. 한국언론진흥재단은 정부광고주를 대신해 광고를 게재할 매체사와 비용 및 일정 등을 포함한 일련의 계약을 체결하고, 정부기관 등의 정부광고주는 요청한 광고 집행 내용과 매체와의 계약 내용이 일치하는지 확인해야 한다.

또한, 정부광고주는 광고 콘텐츠를 제작해 매체사에 제출해야 한다. 시안 제작에 있어서, 광고주는 광고에 필요한 영상과 지면 등의 광고 콘텐츠를 자체 제작하거나 민간 또는 한국언론진흥재단에 의뢰해 제작할 수 있다. 제작된 광고 콘텐츠는 한국언론진흥재단 등을 통해 매체사에 전달해야 한다(시안 제출). 한국언론진흥재단에서 광고 콘텐츠를 제작한 경우에는 한국언론진흥재단은 광고주의 최종 확인을 거쳐 매체사에 직접 전달하고, 광고주가 직접 제작한 경우에는 '정부광고주 → 한국언론진흥재단 → 매체사'의 경로를 거쳐 매체사에 전달해야 한다. 민간 제작사에서 제작한 경우에는 광고를 의뢰할 때 광고 제작을 함께 요청하면 수탁 기관에서 광고주의 최종 확인을 거쳐 매체사에 직접 전달하거나 제작사에서 매체사에 전달한다.

민간 협력

광고물 제작을 비롯해 총 광고 비용 10억 원 이상의 종합적

광고를 집행할 때는 민간 협력을 할 수 있다. 민간 협력을 추진할 때는 반드시 수탁 기관인 한국언론진흥재단과 사전에 협의한 다음에 진행해야 한다. 민간 협력의 범위에 있어서, 민간과의 협력은 광고 기획, 제작, PR, 온라인 및 SNS 활동, 이벤트 및 프로모션 등의 종합광고일 경우에 적용한다(시행령 제3조). 협력의 내용은 정부광고주가 희망하는 통합 커뮤니케이션을 위한 기획, 제작(크리에이티브, 제작 기법 등), 프로모션 등의 전문적인 영역이며, 민간 협력에 관련된 세부 사항은 「정부광고 업무규정」 제9조에 따른다.

민간과의 협력은 반드시 사전에 한국언론진흥재단과 협의한 후 진행하되 다음의 네 가지 조건을 충족해야 가능하다(업무규정 제9조). 첫째, 주제별로 의뢰한 정부광고의 광고료 및 정부광고에 소요된 경비가 10억 원 이상인 경우이며, 둘째, 홍보 매체에 시행하는 정부광고와 함께 기획, 제작, 홍보(PR), 온라인 및 SNS 활동, 이벤트 및 프로모션 등을 의뢰하는 종합광고일 경우이다. 셋째, 사전에 한국언론진흥재단과 협의해 민간 협력 사항을 정부광고 요청서에 명기한 경우이고, 넷째, 한국언론진흥재단이 민간 협력 계약의 당사자인 경우이다.

의뢰된 정부광고의 규모에 따라 협력 대가는 차등적으로 산정된다. 광고료 및 소요 경비가 10억 원 이상에서 30억 원 미만인 경우에는 수수료의 100분의 60이며, 광고료 및 소요 경비가 30억 원 이상인 경우에는 수수료의 100분의 70이다. 민간 협력

결과보고서와 증빙자료를 확인한 다음 정산할 수 있다. 민간 협력에 있어서 과업별 범위와 과업의 세부 내역은 다음과 같다.

광고 기획

① 영상
- 목적, 시청(청취)률, 타깃 등을 고려한 광고 기획
- 광고 내용 및 매체 선정 제시
- 시기, 시즌, 특성, 상황 등을 고려한 단계별 시안 제시
- 광고 모델 관련 사항(모델, 계약기간, 활동범위, 모델료 등)
- 방송협찬, PPL(Product Placement)의 기획

② 라디오: 라디오 광고 기획

③ 인쇄: 신문광고, 잡지광고, 각종 인쇄 관련 광고 기획

④ 인터넷: 홈페이지, SNS 콘텐츠, 배너광고, 블로그 등 관련 기획

⑤ 옥외: 야립광고, 디지털 사이니지 관련 기획

광고 제작

① 영상
- 40초 기준: 15초, 20초, 30초 등 편집본, 스토리보드
- 동영상(7분 이내): 3분 이내 편집, 요약본, 국문, 영문, 자막

② 라디오: 라디오 CM 제작

③ 인쇄

- 디자인, 레이아웃, 카피, 아트워크, 촬영, CG 등 제작 관련 기획
- 신문: 일간지 전면 규격 기준: 시안 개수, 기획안 레이아웃 준수 여부

  (예) 5단×37Cm, 9단×21Cm, 기타 크기 변형(size variation)
- 인쇄물: 브로슈어, 카탈로그, 리플렛

  (예) 기본(40쪽 내외, 1,500부, 국문, 영문), 약식(12쪽 내외, 2,000부, 국문, 영문)

④ 인터넷
- 홈페이지 구축, SNS 유통 콘텐츠의 제작 기획
- 온라인 배너(포털 상단 배너 규격)와 기타 온라인 광고의 시안 및 제작
- 홈페이지, 블로그 제작

⑤ 옥외
- 전광판, 지하철, 공항, 기차역, 버스, 옥외 등 광고 시안 제작
- 디지털 사이니지 제작

홍보(PR)

① 홍보 전략 컨설팅 업무
- 컨설팅 개요 및 장·중·단기 세부 전략 및 집행방안 계획서 제출

- 광고주의 경영가치 체계에 맞는 장·단기 광고홍보 체계 수립
- 광고주의 연간 마케팅과 광고홍보 전략 수립 및 집행을 위한 조사
- 광고주의 세부 홍보 집행 방안으로 계약기간 1년간 추진 로드맵 제시
- 전년 대비 또는 유사업계 전략 분석 기반의 커뮤니케이션 전략 제시
- CSR 활동 연계방안, SNS 등 뉴미디어 기반의 새로운 기법 제시

② 마케팅 및 광고활동에 필요한 사후 효과 조사 업무
- 광고주 관련 입지, 환경분석, 시장조사 → 효율적 마케팅 방안제안
- 광고주의 기존 전략 및 활성화 계획을 고려한 마케팅 전략 제시
- 조사결과에 따른 광고 콘셉트 등 전반적 홍보 전략 제시
- 과업의 커뮤니케이션 전략에 따른 광고홍보물의 콘셉트 일관성 유지

③ 온·오프라인 연계 로드맵 업무
- 브랜드 전략에 근거한 온·오프라인 브랜드 정체성 프로모션 계획
- 시장조사, 홍보효과 분석에 근거한 온·오프라인 통합

마케팅 전략

온라인 및 SNS 활동
① 콘텐츠 제작 및 유통
- 별도의 스토리텔링 콘텐츠 제작 및 제공
- 브랜디드 콘텐츠, 네이티브 콘텐츠의 제작 및 유통
- UCC, 웹툰, 웹드라마, 게임형 콘텐츠 등 제작 및 유통
- 인포그래픽스 제작 및 유통
- 공모전 수행
② 온라인 활동
- 핫이슈, 테마별 메타 블로그(네이버 '오픈캐스트') 발행
- 트렌드(여행, 요리, 육아 등), 격언 · 유머, 패러디 등 정보 콘텐츠 제공
③ SNS 활동: SNS 기자단, 파워 블로거, 상호작용 마케팅 활동 등

이벤트 및 프로모션 기타
① 광고주 대상 일반 설명회
- 이벤트, 판촉, 디스플레이, 전시회, 부스 운영, 옥외 프로모션 활용
② 이벤트 및 축제
- 마술 쇼, 연예인 공연, 기념회, 페스티벌 등 행사기획 및

운영

- 일정 제시, 기획안 제시, 장소, 인력섭외, 자료제작, 배포, 부대사항

　민간 협력 절차는 수행할 과업의 범위와 규모가 민간 협력 요청 대상인지의 여부를 한국언론진흥재단과 사전에 협의한 후 결정한다. 광고를 집행할 매체 영역과 제작, 전략 수립, 이벤트, 프로모션 등 과업 유형을 한국언론진흥재단과 협의한 후 민간 협력을 요청한다. 민간 협력사의 선정 과정 등에 관련된 자세한 내용은 '민간 대행·제작사 선정 방법'을 참조하면 된다.

광고 시행 결과의 확인과 광고효과 분석

　한국언론진흥재단은 매체사로부터 결과보고서(증빙 포함)를 받아 광고주의 요청과 계약한 내용대로 집행됐는지 점검하고 광고주에게 제출한다. 정부광고주는 시스템을 활용해 〈표 6-4〉와 같은 광고 시행 결과보고서의 내용을 확인한다. 한국언론진흥재단은 매체별로 집행 결과보고 내용(증빙자료 등)을 점검·확인하고, 광고주에게 제출해 최종 확인을 요청한다(내용 확인). 이때 유의 사항은 다음과 같다. 인쇄광고의 경우에는 증빙자료(사진, PDF 파일 등)의 조작 여부, 온라인광고는 접속자

수의 기초 데이터, 옥외광고의 경우에는 게재물의 사진 또는
노출횟수 프로그래밍의 데이터를 필수적으로 점검해야 한다.

〈표 6-4〉 광고 시행 결과보고서의 내용

매체	증빙	내용
방송	운행내역서 등	운행시기, 횟수, 기간
신문	거래내역서 등	게재일자, 지면
옥외	계첨보고서 등	옥외매체 위치, 기간, 노출횟수(전광)
온라인	결과보고서 등	노출위치, 사이트명, 접속확인자 수
기타	결과보고서 등	계약내용별 증빙내역 점검

　정부광고의 효과는 기본적으로 노출 효과와 인지 효과를 알
아볼 수 있다. 노출 효과와 관련하여, 정부광고주는 발행부수,
시청률, 이용자 수 같은 광고 매체에 대한 기본적인 정보 외에
도 광고효과를 예상하는데 도움이 되는 매체 효과에 대한 분석
자료 등을 한국언론진흥재단에 요청할 수 있다(시행령 제4조).
정부광고주는 광고에 대한 인지 효과를 알아보는 데 필요한 광
고 내용에 대한 인지도 조사 자료, 메시지에 대한 인지도 조사
자료, 광고 상기도 조사 자료 등 필요한 자료나 정보를 한국언
론진흥재단에 요청할 수 있다. 결과 보고서 외에도 광고효과 분
석이 필요할 때는 수탁 기관에 별도로 의뢰할 수 있지만 필요
경비가 발생할 경우에는 의뢰 기관에서 비용을 부담해야 한다.
　그렇지만 노출 효과와 인지 효과는 어디까지나 가장 기본적

인 광고효과 조사라고 할 수 있다. 민간 광고는 물론 정부광고 끼리도 광고물 간의 효과 경쟁이 갈수록 치열해지는 상황에서 단순한 노출 효과나 인지 효과를 넘어서, 정부광고 영역에서도 행동 의도까지 알아보는 광고효과 측정 방법을 적용할 필요가 있다. 정부 정책의 성격에 따라 분류한 기존의 여섯 가지 정부 광고 유형(행정 광고, 시책홍보 광고, 의견광고, 긴급쟁점 광고, 공공봉사 광고, 상품 및 서비스 광고)에 비해, 정부광고를 하는 이유와 광고 목적에 따라 분류한 새로운 네 가지 정부광고 유형(일반공지 광고, 정보제공 광고, 인식변화 광고, 행동유발 광고)이 정부광고의 효과를 분석할 때 더 적절한 분류 기준이다.

광고 목적에 따른 광고 유형의 분류는 광고 노출 이후의 인식 변화를 거쳐 행동에 이르는 일련의 단계에 따라 광고효과가 발생한다는 위계적 효과 모형(Hierarchy of Effects Model)에 바탕을 두고 있다. 이에 따라 '이해(comprehension)−태도(attitude)−행동(behavior)'으로 이어지는 위계적 광고효과 모형은 소비자의 정보처리과정을 흥미롭게 설명하는 것으로 알려져 있지만, 정부광고의 효과를 측정할 때도 유용한 광고효과 모형이다. 설정한 광고 목적에 의거해 이해, 태도, 행동에 따라 정부광고를 평가하는 것은 제작된 광고가 세 단계별 광고 목적에 얼마나 부합하는지 평가하기 위한 사전 광고효과 조사의 성격을 띠고 있다(김병희, 손영곤, 2022b; 김병희, 손영곤, 조창환, 이희준, 2017).

06 정부광고의 시행 실무

더욱이 사후 광고효과의 평가도 사전 광고효과의 평가와 같은 연장선에서 이루어져야 하므로, 광고가 노출된 다음에 수용자가 인식하는 이해, 태도, 행동을 모두 포괄해야 한다. 정부광고의 효과를 평가할 때 정책에 대한 이해는 광고 창의성(독창성, 명료성, 적합성)과 정책 내용성(흥미성, 회피성, 상관성)이라는 6개 요인으로 평가하며, 태도는 광고에 대한 태도와 기관에 대한 태도라는 2개 요인으로, 행동은 정책에 대한 인지도, 정책에 대한 순응도, 정책에 대한 만족도라는 3개 요인으로 평가할 수 있다. 정부광고의 광고효과 측정지수를 산출하는 구조를 [그림 6-4]에서 확인할 수 있다.

　정부광고의 광고효과 측정지수를 산출하는 구조를 보다 구

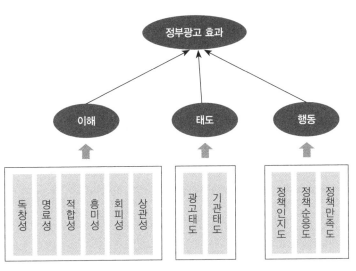

[그림 6-4] 정부광고의 광고효과 측정지수 산출 구조

체적으로 설명하고, 실제로 적용하는 측정 척도를 살펴보기로 하자. 척도의 각 항목별로 "전혀 그렇지 않다"(1)와 "매우 그렇다"(7)에 체크할 수 있는 7점 척도다(김병희, 손영곤, 2022b; 김병희, 손영곤, 조창환, 이희준, 2017).

첫째, 정부 정책에 대한 이해는 광고 창의성과 정책 내용성이라는 두 가지 차원으로 평가할 수 있다. ① 광고 창의성은 독창성(Originality, "고급스럽다" "세련미가 있다" "혁신적이다" "개성적이다"), 명료성(Clarity, "이해하기 쉽다" "분명하다" "내용을 즉각 알았다" "정책의 특성을 알았다"), 적합성[Appropriateness, "정부 정책(서비스)에 자연스럽지 않다*[1]" "정부 정책(서비스)에 적절하지 않다*" "정부 정책(서비스)에 어울리지 않다*"]이라는 세 가지 요인의 11개 항목으로 평가하면 된다. ② 정책 내용성은 흥미성[Interest, "정책(서비스)에 대한 호감을 유발한다" "정책(서비스)을 기억하고 싶게 한다" "정책(서비스)을 실행하고 싶은 생각이 들게 한다" "정책(서비스)이 실제로 좋은지 알아보고 싶게 한다"], 회피성(Avoidance, "방해가 된다" "짜증난다" "불필요하다" "받아들일 수 없다"), 상관성[Relevance, "국민에게 필요한 정책(서비스)이다" "사회적으로 바람직한 정책(서비스)이다" "국민이 관심을 가져야 할 정책(서비스)이다" "나에게 적합한 정책(서비스)이다"]라는 세 가지 요

---

1) 척도 항목에 표기한 *은 불성실한 응답을 방지하기 위해 설문 항목을 일부러 역으로 제시한 것으로, 수집된 자료를 종합할 때는 반대로 코딩하는 역채점 항목(reverse-scored item)이다.

06 정부광고의 시행 실무

인의 12개 항목으로 평가하면 된다.

둘째, 정부광고를 노출한 다음에 나타나는 국민들의 태도 변화는 광고에 대한 태도와 기관에 대한 태도라는 두 가지 차원으로 평가할 수 있다. ① 광고에 대한 태도는 "설득력이 있다" "만족스럽다" "호감이 간다" "믿을 수 있다"라는 4개 항목으로 평가하면 된다. ② 기관에 대한 태도는 "정부광고를 하는 기관에 대해 호감을 느낀다" "정부광고를 하는 기관은 원칙을 가지고 일한다" "정부광고를 하는 기관은 좋은 정책(서비스)을 제공한다" "정부광고를 하는 기관은 정책(서비스)을 일관성 있게 추진한다"라는 4개 항목으로 측정하면 된다.

셋째, 정부광고를 노출한 다음 국민들의 행동 의향은 정책에 대한 인지도, 정책에 대한 순응도, 정책에 대한 만족도라는 세 가지 차원으로 평가할 수 있다. ① 정책에 대한 인지도는 "정부광고의 정책(서비스)은 명확하다" "정부광고는 이해하기 쉽다" "정부광고는 정확한 정보를 제공한다" "정부광고는 유익한 정보를 제공한다"라는 4개 항목으로 평가하면 된다. ② 정책에 대한 순응도는 "광고하는 기관의 정책(서비스)은 믿을 수 있다" "정부광고의 정책(서비스)을 실행에 옮기겠다" "정부광고의 정책(서비스)을 성실히 따르겠다" "정부광고의 정책(서비스)을 실천하기 위해 노력하겠다"라는 4개 항목으로 평가한다. ③ 정책에 대한 만족도는 "광고하는 기관의 정보는 만족스럽다" "광고하는 기관은 국민과 소통하기 위해 노력한다" "광고하는 기관의 정책(서비스)은 공익적이다"라는 3개 항목으로 측정하면 된다.

한편, 광고 실무계에서는 광고에 대한 평가를 사전 평가와 사후 평가로 나누어 진행한다. 사전 평가는 실제로 광고가 노출됐을 때 얼마나 경쟁력이 있을 것인지 예측하는 성격이고, 사후 평가는 광고가 노출된 다음에 이미 설정한 광고 목표를 얼마나 달성했는지 확인하는 성격이 강하다. 해를 거듭할수록 사후 평가 못지않게 사전 평가의 중요성이 강조되고 있다. 광고를 비롯해 정보의 혼잡(clutter) 현상이 심해지고 있는 상황에서 사전 평가는 경쟁력 있는 광고, 주목을 끌 수 있는 광고, 소비자의 태도 변화를 유발하는 광고인지의 여부를 판단하기 위한 필요조건이다. 앞으로 정부광고에서도 광고효과를 사전에 엄밀하게 예측하는 사전 평가 과정을 거친다면 더 높은 광고효과를 기대할 수 있을 것이다.

그러나 사전에 평가 과정을 거친 광고일지라도 광고의 완성도를 담보하지는 못한다. 광고에 대한 사전 평가는 주목할 만한 광고의 기본 요건을 충족시키고 있는지를 확인하는 절차에 가깝기 때문에, 이후에 수많은 다른 광고와의 상대적 관점에서 광고 완성도를 확인하는 것은 사후 평가 단계에서 이루어진다. 이렇게 볼 때 광고의 사후 평가는 기본 요건을 충족시키고 있는지를 알아보는 '요건 평가'와 제작된 광고가 얼마나 완성도가 높은지를 확인하는 '품질 평가'라는 두 가지 차원에서 시도할 수 있다. 두 가지 차원 중에서 어느 요인이 더 중요하고 혹은 중요하지 않은지를 구분하는 것은 무의미하다. 이 때문에 사전 광고효과 평가와 사후 광고효과 평가를 일련의 과정으로 이해하고 광고물 평가를 실시한다고 할 경우, 품질 평가에서 가중치를 부여해 광고물의 완성도를 판단하는 것이 타당하다. 〈표 6-5〉에서 정부광고 사후 평가의 적용 논리를 확인할 수 있다.

〈표 6-5〉 정부광고 사후 평가의 적용 논리

독립변수 \ 종속변수	평가 기준과 구간별 점수						
요건 평가(50%)	광고 목표(일반공지, 정보제공, 인식변화, 행동유발)의 기본 요건을 충족했는지의 여부. 광고 목표를 충족할 경우 기본점수 50점을 부여하고 품질 평가에서 1점 척도에 해당하는 점수로 간주함.						
품질 평가(50%)	1	2	3	4	5	6	7
	50.00점	58.33점	66.67점	75.00점	83.33점	91.67점	100.00점
합계	100점						

정부광고에 대한 사후 광고효과 평가도 이런 논리를 바탕으로 접근해야 한다. 사후 평가에 초점을 맞춘 이유는 방송광고나 인쇄광고의 기본 요건을 갖춘 경우에만 광고 품질을 평가할 수 있다는 취지 때문이다. 예컨대, 정부나 공공기관의 입찰 평가에서도 자격 요건 평가(회사 규모, 사업 수행실적 등), 가격 평가, 기술(품질) 평가를 일정 비율로 구성해 평가한다. 이때도 통계적 측면은 아니지만, 평가 기준별 비율을 '경험의 법칙(rule of thumb)'을 적용해서 구성한다. 같은 맥락에서 〈표 6-5〉에

제시한 정부광고 사후 평가의 적용 논리도 경험의 법칙에 따른 것으로 이해할 수 있겠다.

김병희와 손영곤(2022b)의 연구에서도 광고물 평가의 제반 사항을 고려해, 어떤 정부 광고물이 광고 목적의 기본 요건을 충족했을 때 50%를 부여하고, 광고물의 품질에 50%를 부여하는 경험의 법칙을 적용해서 평가했을 때 평가 기준의 설명력이 높아진다고 판단했다. 〈표 6-5〉에서 알 수 있듯이, 어떤 정부 광고물이 광고 목적에 해당되는 기본 요건을 충족했을 때는 기본 50%를, 그 후 광고물의 품질(완성도)에 50%를 부여해 정부 광고물의 수준을 평가할 수 있다. 정부광고의 평가는 기본 요건 평가의 충족 점수인 50점을 기준점으로 설정하고, 광고 완성도나 다른 광고와의 상대적 품질 평가는 7점 척도로 측정할 수 있다. 결과 해석의 편의성과 전년도 정부광고 효과지수와의 추세를 비교하기 위해 환산하는 과정을 거쳐야 한다. 점수 환산은 척도의 등간성을 확보하기 위해 1점 척도는 50.00점, 2점 척도는 58.33점, 3점 척도는 66.67점, 4점 척도는 75.00점, 5점 척도는 83.33점, 6점 척도는 91.67점, 7점 척도는 100점으로 환산해 계산할 수 있다.

예컨대, 2022년의 정부광고 효과지수 평가 결과는 정부광고 효과를 측정하는 방안을 엿볼 수 있는 흥미로운 사례다. 정책 이해도, 정책 수용태도, 정책 행동의도 등 정부광고 사후 광고효과 측정 지수를 구성하는 요인의 평가 결과를 〈표 6-6〉에

<표 6-6> 정부광고 효과지수 평가 결과

	가중치	광고물 평가				
		전체	일반공지	정보제공	인식변화	행동유발
정책광고 효과지수		79.48 (79.65)	76.85 (77.16)	84.47 (84.26)	76.90 (77.21)	79.70 (79.97)
정책 이해도	.069	80.45 (80.12)	77.10 (77.74)	85.58 (84.09)	77.81 (77.92)	81.33 (80.73)
정책 수용태도	.455	79.41 (79.40)	77.09 (77.08)	84.12 (84.08)	76.61 (76.62)	79.83 (79.81)
정책 행동의도	.476	79.40 (79.44)	76.58 (76.66)	84.64 (84.61)	77.04 (77.10)	79.33 (79.37)

제시하였다. 이해, 태도, 행동에 따른 광고물 평가 결과는 각 차원을 구성하는 세부 측정 항목에 가중치를 적용해 산출했다. 이런 과정을 거쳐 2022년에 집행된 정부광고물 4개를 대상으로 사후 광고효과 지수를 산출한 결과, 총점 79.48점으로 나타났다.[2] 광고물 평가 결과가 정책 이해도, 정책 수용태도, 정책

---

2) 김병희와 손영곤(2022b)의 연구에서는 2022년에 집행된 정부광고물 4개를 대상으로 사후 광고효과를 측정했다. 일반공지형 광고는 인천광역시의 '모든 길은 인천으로 통한다' 편, 정보제공형 광고는 국민건강보험공단의 '올바른 약물 이용' 편, 인식변화형 광고는 문화체육관광부의 '국민통합 캠페인' 편, 행동유발형 광고는 한국관광공사의 '여행가는 달' 편을 선정했다. 광고 각각에 대한 노출 후 평가 결과이며, ( ) 안은 가중치를 고려하지 않은 효과 지수다. 정부광고 효과지수는 가중치를 고려하여 산출된 결과인데, 보기에 따라 정책 이해 지수, 태도 지수, 행동 지수 각각이 개별적 목적에서 진행되는 광고라 가중치를 적용하는 것이 타당하지 않다는 지적이 있을 수 있다. 이런 점을 감안해 가중치를 고려하지 않은 정부광고 효과지수를 살펴본 결과, 가중치를 적용하지 않은 정부광고 효과지수는 79.65점으로 가중치를 감안한 79.48점에 비해 0.17점 높게 집계되었다.

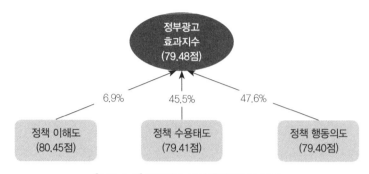

정부광고
효과지수
(79.48점)

6.9%   45.5%   47.6%

| 정책 이해도 | 정책 수용태도 | 정책 행동의도 |
| (80.45점) | (79.41점) | (79.40점) |

[그림 6-5] 정부광고 효과 측정지수의 구조

출처: 김병희, 손영곤(2022b), p. 128.

행동의도에 따라 어떻게 나타났는지에 대해서는 광고효과 측정지수의 구조를 포괄적으로 제시한 [그림 6-5]에서 확인할 수 있다.

정산 등 사후 절차

한국언론진흥재단은 시행 결과를 확인한 다음, '결과보고서'를 첨부해 광고주에게 광고료 및 대행 수수료를 청구(광고료 위수탁 및 수수료 세금계산서 발행)하게 된다. 정부광고주는 세금계산서와 내역서를 확인한 다음 광고료와 수수료를 지급해야 한다. 이때 정부광고주는 법령에 따라 위수탁 및 수수료 세금계산서 2종을 접수해야 한다.

광고 비용의 청구는 시스템을 활용하게 된다. 한국언론진흥재단은 매체사로부터 광고 시행 결과보고서를 제출받아 증빙 내용 등을 점검한 후, 광고주 담당자에게 전달하고(결과 보고), 시행령 제7조에 따라 한국언론진흥재단은 사전에 정부광고주 담당자에게 전자문서로 통지하고 내역서를 첨부한 세금계산서 (광고료 및 수수료) 발행을 요청해야 한다(지급 요청). 이때의 유의사항은 ① 수탁 기관(한국언론진흥재단)은 광고주에게 입금할 수 있는 지정 계좌를 고지해야 하며, ② 시행령 제7조 제1항에 따라 "「방송광고 판매 등에 관한 법률」 제5조에 의해 광고 판매대행자가 위탁한 방송광고"는 광고 판매대행자에게 수수료를 청구해야 하며, ③ 대행 수수료는 정부광고료의 100분의 10(광고 판매대행자로부터 수수료를 징수하는 경우에도 방송광고 판매액의 100분의 10)을 청구해야 한다.

광고 비용의 지급도 시스템을 활용하게 된다. 정부광고주는 한국언론진흥재단으로부터 전달받은 매체별 광고 집행 내용 및 소요 경비 등에 대한 증빙자료를 확인하고(결과 확인), 광고료 및 대행 수수료를 지급해야 한다. 정부광고주는 세금계산서 등 내역 확인 후 한국언론진흥재단의 지정 계좌로 광고료 및 수수료를 송금해야 한다(시행령 제7조). 이때의 유의 사항은 ① 광고 시행 기간이 30일을 초과하는 경우에는 한국언론진흥재단과 일정을 협의한 다음에 지급해야 하며, ② 정부광고법에 광고주가 수수료를 한국언론진흥재단에 직접 지급하도록 명시됐으므로 광고주는 반드시 위수탁 세금계산서와 수수료 세금계산서를 함께 수령해야 한다.

위수탁 전자 세금계산서의 발행도 시스템을 활용하면 된다. 정부광고주의 정산 담당자는 정부광고 수수료 체계의 변경에 따라(매체 commission → 광고주 fee 방식), 위수탁 세금계산서를 접수해야 한다(정부광고법 제8조, 시행령 제7조). 이때 구체적으로 확인해야할 내용은 다음과 같은 세 가지 사항이다.

① 위수탁 주체의 확인: 위수탁 전자 세금계산서의 사례로 제시한 [그림 6-6]에서 알 수 있듯이, 공급자 상호와 광고 의뢰 매체사의 일치 여부, 각 대표자, 광고 의뢰 담당자의 소속 부서명과 담당자의 이름, 지출담당 부서명과 담당자의 이름을 확인해야 한다.

위수탁 전자 세금계산서 (과세)				승인번호	20**0109-42000232-00087ab4		
				신탁번호	20**0109265		
공급자	등록번호	123-11-12345		공급받는자	등록번호	123-82-12345	
	상호(법인명)	주식회사 ○○○신문사			상호(법인명)	○○시청	
	성명	○○○	종사업장		성명	진달래	종사업장
	사업장 주소	경기도 ○○시 ○○구 ○○로			사업장 주소	경기 ○○시 ○○구 ○○동 ○○○○	
	업태	출판서비스업	종목	신문 등	업태	-	종목	-

[그림 6-6] 위수탁 전자 세금계산서의 사례

② 수탁자 및 공급가액의 확인: 위수탁 전자 세금계산서의 수탁자 및 공급가액의 사례로 제시한 [그림 6-7]에서 알 수 있듯이, 정부광고 업무의 수탁 기관인 한국언론진흥재단의 등록

번호, 상호, 작성연월일, 청구 및 공급가액, 세액 등을 확인해야
한다.

수탁자	등록번호	104-82-11163	상호	한국언론진흥재단	종사업장	

작성 년월일	영수/청구구분	공급가액	세액	수정사유
20** - ** - **	청구	1,000,000	100,000	
비고				

[그림 6-7] 위수탁 전자 세금계산서의 수탁자 및 공급가액

③ 공급 내용의 확인: 위수탁 전자 세금계산서에서 공급 내
용의 사례로 제시한 [그림 6-8]에서 알 수 있듯이, 매체사가 한
국언론진흥재단을 통해 광고주에게 공급한 매체 이름, 수량,
공급가액, 세액, 공급한 광고물의 형식과 내용, 합계금액 등을
증빙자료와 비교하고 확인해야 한다.

월일	품목	규격	수량	단가	공급가액	세액	비고
/	000신문		1	1,000,000	1,000,000	100,000	정책 홍보(5단, 10cm)

현금	수표	어음	외상미수금	합계금액
				1,100,000

* 주의: 본 전자세금계산서는 공인인증기관의 공인인증서를 사용하여 전자서명한 세금계산서로서 전자서명법에 의거 법적효력을 갖는 문서입니다.

[그림 6-8] 위수탁 전자 세금계산서의 공급 내용

수수료 세금계산서의 개념은 이렇다. 정부광고의 대행 수수료를 지급하는 주체가 정부광고주이므로, 한국언론진흥재단이 공급자이고 광고주가 공급받는 자로 표기한 수수료 세금계산서를 접수해야 한다(정부광고법 제8조, 시행령 제7조). 이때 구체적으로 확인해야 할 내용은 다음과 같은 세 가지 사항이다.

① 공급 주체의 확인: 전자 세금계산서에서 공급 주체의 사례로 제시한 [그림 6-9]에서 알 수 있듯이, 공급자와 공급받는 자의 상호, 등록번호, 주소 등을 확인해야 한다.

전자 세금계산서 (과세)				승인번호	20**0109-42000232-00088b7f	
				신탁번호	20**0109265	
공급자	등록번호	104-82-11163	공급받는자	등록번호	123-82-12345	
	상호(법인명)	한국언론진흥재단		상호(법인명)	○○시청	
	성명	○○○ 종사업장		성명	진달래	종사업장
	사업장 주소	서울특별시 중구 세종대로 124 (태평로1가)		사업장 주소	경기 ○○시 ○○구 ○○동 ○○○○	
	업태	비영리 종목 언론공익사업		업태	–	종목 –

[그림 6-9] 전자 세금계산서의 공급 주체

② 공급가액 및 세액의 확인: 전자 세금계산서에서 공급가액 및 세액의 사례로 제시한 [그림 6-10]에서 알 수 있듯이, 전자 세금계산서의 공급가액 및 세액 공급자가 청구한 공급가액과 세액을 확인해야 한다.

작성 년월일	영수/청구구분	공급가액	세액	수정사유
20** − ** − **	청구	100,000	10,000	
비고				

월일	품목	규격	수량	단가	공급가액	세액	비고
/	00정책광고 관련		1	100,000	100,000	10,000	대행 수수료

[그림 6-10] 전자 세금계산서의 공급가액 및 세액

③ 공급 내용의 확인: 전자 세금계산서에서 공급 내용의 사례로 제시한 [그림 6-11]에서 알 수 있듯이, 한국언론진흥재단이 정부광고주에게 공급한 서비스 내용, 공급가액, 세액 등을 확인해야 한다.

월일	품목	규격	수량	단가	공급가액	세액	비고
/	00정책광고 관련		1	100,000	100,000	10,000	수수료 (광고료의 10%)

현금	수표	어음	외상미수금	합계금액
				110,000

* 주의: 본 전자세금계산서는 공인인증기관의 공인인증서를 사용하여 전자서명한 세금계산서로서 전자서명법에 의거 법적효력을 갖는 문서입니다.

[그림 6-11] 전자 세금계산서의 공급 내용

광고료 및 수수료, 부가세 산정에서의 유의사항은 다음과 같다. 매체사가 면세 사업자인 경우에는 광고료에 대한 부가세(10%)는 면세 대상이지만, 한국언론진흥재단이 징수하는 수수료(광고료의 10%)는 면세 대상이 아니므로 대행 수수료에 대한 부가세는 별도로 명기해야 한다. 광고를 집행한 매체사가 면세 사업자일 경우에는 광고료의 부가세는 비과세 대상이므로 다음과 같은 산식에 따라 청구해야 한다. 과세사업과 면세사업에 대한 광고료 및 대행 수수료, 부가세 산정의 예시는 다음과 같다.

① 과세사업: 정부광고료가 1,000원인 경우에 총 소요예산은 1,210원
- 광고료 및 부가세(1,100원): 광고료 1,000원
  광고료 부가세: 100원(광고료의 10%)
- 수수료 및 부가세(110원): 수수료 100원(광고료의 10%),
  수수료 부가세: 10원(수수료의 10%)
- 합계(1,210원): 정부광고주의 총 소요예산 1,210원

② 면세사업: 정부광고료가 1,000원인 경우에 총 소요예산은 1,110원(총 소요예산이 1,100원이 아닌 1,110원이란 사실에 유의)
- 광고료 및 부가세(1,000원): 광고료 1,000원, 광고료 부가세 0원
- 수수료 및 부가세(110원): 수수료 100원(광고료의 10%),

수수료 부가세: 10원(수수료의 10%)

• 합계(1,110원): 정부광고주의 총 소요예산 1,110원

유사 정부광고 금지와 협찬의 유의사항

정부광고법 제9조의 의미

정부광고법에서 정의한 정부광고 형태 이외에 홍보 매체나 방송 시간 등을 실질적으로 구매하는 홍보 형태를 금지하며(정부광고법 제9조), 정부광고에 해당하는 협찬은 반드시 정부광고법 제5조에 따라 수탁 기관에 의뢰해 시행해야 한다. 유사 정부광고 금지 및 예외적 허용을 나타내는 정부광고법 제9조의 의미는 다음과 같다. 정부광고법 제9조의 전단에서는 유사 정부광고 '형태'를 원칙적으로 금지하되, 고지를 하는 경우에는 예외적으로 허용한다. "제9조 (정부기관 등의 유사 정부광고 금지 등) 정부기관 등은 정부광고 형태 이외에 홍보 매체나 방송 시간을 실질적으로 구매하는 어떤 홍보 형태도 할 수 없다. 다만, 해당 홍보 매체에 협찬 받은 사실을 고지하거나 방송법 제2조 제22호에 따른 협찬고지를 한 경우에는 그러하지 아니하다."

금지하는 이유는 언론사 등에서 정부기관 등으로부터 돈을 지급받고 아무런 표기 없이 기사나 방송 프로그램을 내보낼 경

우에 국민의 '알 권리'와 '저널리즘의 가치'를 훼손할 우려가 존재하기 때문이다. "신문법 제6조(독자의 권리보호) ③ 신문·인터넷신문의 편집인 및 인터넷뉴스서비스의 기사배열책임자는 독자가 기사와 광고를 혼동하지 아니하도록 명확하게 구분해 편집해야 한다."「방송법」제74조 등에서 반드시 광고주(협찬주)를 밝히도록 한 취지도 근거가 된다. 다만 일률적으로 모든 행위를 금지하는 경우에는 홍보 방법을 과도하게 제한할 우려가 있기 때문에 제한적으로 허용한다. 국민의 권익 등을 보호하기 위해 해당 방송 내용이나 기사 등에 광고의 성격이 있음을 국민들이 인지할 수 있도록 고지할 필요가 있는 것이다.

협찬의 현황

협찬의 정의는 지면이나 프로그램 등의 제작에 직접적 혹은 간접적으로 필요한 경비·물품·용역·인력 또는 장소 등을 지원하거나 제공하는 행위다. 관련 법령은 다음과 같다.

첫째,「방송법」제2조 제22호에서 '협찬고지'라 함은 타인으로부터 방송 프로그램의 제작에 직접적 혹은 간접적으로 필요한 경비·물품·용역·인력 또는 장소 등을 제공받고 그 타인의 명칭 또는 상호 등을 고지하는 것을 말한다.

둘째,「협찬고지 등에 관한 규칙」제2조 제1호에서, '협찬'이라 함은 방송 프로그램의 제작자가 방송제작에 관여하지 않는

자로부터 방송 프로그램의 제작에 직접적 혹은 간접적으로 필요한 경비·물품·용역·인력·또는 장소 등을 제공받는 것을 말한다.

협찬의 주요 유형은 방송, 신문, 인터넷 등 매체별로 다양한 형태가 존재한다.

① 「방송법」상 협찬 유형(「방송법」시행령 제60조)
- 방송사업자가 행하는 공익성 캠페인 협찬
- 방송사업자가 주최·주관·후원하는 문화예술·스포츠 등 공익행사 협찬
- 방송 프로그램(시사·보도, 논평 또는 시사토론 프로그램 제외) 제작 협찬
- 방송 프로그램 시상품·경품 제공 및 장소·의상·소품·정보 등 협찬
② 신문·잡지 등 인쇄 매체 협찬(예시)
- 신문·잡지 등 기사 취재 협찬
- 신문 등 매체사가 주최·주관·후원하는 문화예술·스포츠 등 공익행사 협찬
③ 인터넷·모바일 등 매체 협찬(예시)
- 인터넷 신문·웹진 등 기사 취재 협찬
- 채널 운영자가 제작 및 전송하는 콘텐츠(웹드라마 등) 제

작 협찬

협찬의 표기 방법은 방송의 경우에 「방송법」 등 관련 법령에 따라 표기하고, 기타 매체의 경우에는 이에 준하여 표기한다. 협찬 받은 사실의 표기 방법은 다음과 같다.

① 방송: 「협찬고지 등에 관한 규칙」에 따라 협찬고지의 표기(전체 화면의 1/4 초과 금지, 1회 고지 시간은 30초 이내, 화면의 하단 또는 우측 등)
② 기타 매체: 콘텐츠의 적절한 공간에 (○○○○부 제공), (○○○○공단 협찬), (○○○○공사 자료 제공), (○○○○청 지원) 등의 문구나 기관 CI, 로고 등을 활용하여 독자나 시청자가 알아볼 수 있는 형태로 표기 및 노출

협찬의 의뢰 여부는 매우 중요한데, 정부광고에 해당하는 협찬은 반드시 의뢰해야 한다. 정부광고에 해당하는 협찬은 의뢰가 필수라는 문화체육관광부의 일관된 유권해석에도 불구하고, 일각에서 협찬이 정부광고에 해당되지 않아 의뢰가 필요하지 않다는 주장이 제기돼 주요 쟁점이 됐다. 객관적인 유권 해석을 위한 법제처 법령해석심의위원회의 법령 해석 결과를 보면(2019. 5. 7.), 정부광고에 해당하는 협찬이 존재하며 의뢰가 필요하다는 문화체육관광부의 입장과 동일하다. 법제처 법령

해석심의위원회에서 심의한 주요 결과는 다음과 같다.

"정부기관 등에서 행하는 (......) 협찬고지 형태의 홍보 중에는 정부광고법 제2조 제3호에 따른 정부광고로 볼 수 있는 협찬고지가 있을 수 있는 바, 정부광고의 정의에 포섭되는 협찬고지 방식의 홍보에 대해서는 같은 정부광고법 제5조(광고 의뢰)가 적용된다고 보는 것이 관련 규정 체계 및 취지에 부합하는 해석이다."

협찬의 종류에는 의뢰할 필요가 있는 협찬과 의뢰할 필요가 없는 협찬이 있다.

첫째, 의뢰할 필요가 있는 협찬을 보면 광고, 홍보, 계도 등의 목적을 가진 유료 협찬은 모두 의뢰할 필요가 있다. 주요 예시는 다음과 같다.

① 방송 프로그램의 제작 협찬
- 다큐멘터리의 협찬: A 방송사 '다큐○○' 등 다큐멘터리 프로그램
- 정보 프로그램의 협찬: B 방송사 '모닝○○○' 등 정보 프로그램 내 코너
- 예능 프로그램의 협찬: 예능 프로그램 내 장소 · 에피소드 · 특산물 등 노출

- 드라마 프로그램의 협찬: 드라마 내 장소 · 에피소드 · 특산물 등 노출
- 라디오 프로그램의 협찬: 프로그램 및 교통정보 제공 멘트 협찬
- 콘서트 · 가요제 등 프로그램의 협찬: '○○음악회' 장소 · 멘트 등 협찬
- 문화예술 · 스포츠 등 공익행사의 협찬: '○○대회' 협찬 (특산물 등 노출)

② 방송사업자가 행하는 공익성 캠페인의 협찬
- ○○○○공사 '여행주간홍보' 캠페인의 협찬 등

③ 신문 · 잡지 등 기사 취재의 협찬

④ 인터넷 · 모바일 등 매체의 협찬
- 인터넷 신문 · 웹진 등 기사 취재의 협찬
- 채널 운영자 콘텐츠 제작의 협찬: '○○○뉴스' 콘텐츠 제작 협찬, 웹드라마 등

둘째, 의뢰할 필요가 없는 협찬의 사례는 다음과 같다. 정부광고의 정의에 해당하지 않는 협찬의 경우에는 의뢰할 필요가 없다. 다만 한국언론진흥재단에 정부광고법의 적용 여부에 대한 사전 확인 절차를 거치기를 권고한다. 정부광고법 제2조 제3호에서는 정부광고를 "정부기관 등이 국내외의 홍보 매체에 광고, 홍보, 계도 및 공고 등을 하기 위한 모든 유료고지 행위"

로 정의하고 있기 때문이다. 한편, 정부광고의 정의에 해당하지 않는 협찬의 종류는 다음과 같다.

① 광고, 홍보, 계도 및 공고 등을 위한 경우에 해당하지 않는 협찬

먼저, 정부기관 등이 매체가 시행하거나 매체와 공동으로 시행하는 다음의 행사에 현금 또는 현물을 지원하고 이를 고지하는 경우이다.

- 문화·예술 행사(음악회, 연주회, 뮤지컬, 오페라, 무용, 콘서트, 판소리, 풍물, 창극, 마당놀이, 연극제, 영화제 등)
- 서화전, 미술전, 사진전 등 행사
- 지역복지 및 불우이웃돕기를 위한 행사
- 스포츠 행사, 교육관련 행사(강연회, 강습회, 경진대회, 역사·문화탐방 등)
- 기타 문화체육관광부장관이나 방송통신위원회가 공익행사로 인정하는 행사

다음으로, 홍보 매체 시행을 전제로 하지 않는 순수 제작비를 지원하는 경우이다. 예컨대, 동영상 또는 책자 등의 제작만을 위탁해 정부기관 등의 행사에 사용하는 경우다.

마지막으로, 정부기관 등이 집행하는「보조금 관리에 관한 법률」「지방재정법」등에 따른 보조사업 중 광고, 홍

보, 계도 및 공고 등을 목적으로 하지 않는 경우이다. 예컨대, 홍보 목적 없이 순수하게 우수 콘텐츠 제작을 지원하는 보조 사업인 한국콘텐츠진흥원의 방송영상콘텐츠 제작지원 공모사업 같은 사례가 있다. 그러나 광고 홍보 등의 목적이 있을 때에는 반드시 한국언론진흥재단에 의뢰해 사전 검토를 받아볼 필요가 있다.

② 유료 고지행위에 해당하지 않는 협찬

정부기관 등이 홍보 매체에 시상품 또는 경품을 제공하거나 장소·의상·소품·정보 등 현금이 아닌 현물을 협찬하고 고지하는 경우이다. 앞서의 경우를 제외하고 광고 홍보 등의 목적에서 매체를 통해 메시지, 로고, 기타 협찬주를 알 수 있는 상징 등을 유료로 노출하고자 할 때에는 반드시 한국언론진흥재단에 의뢰해 사전 검토를 받아볼 필요가 있다.

자주 묻는 정부광고 질문에 대한 응답

정부광고 제도

Q1 정부광고 제도를 운영하는 법적 근거는 무엇입니까?

A1 정부광고 제도는 1972년부터 「정부광고 시행에 관한

규정」(국무총리훈령)에 근거해 운영돼 왔습니다. 2018년 12월 13일,「정부기관 및 공공법인 등의 광고시행에 관한 법률」이 제정되고 시행됨으로써, 지금은 정부광고법과 그 시행령에 따라 제도를 운영하고 있습니다.

Q2 한국언론진흥재단이 정부광고 수수료를 정부광고 요청 기관으로부터 징수하는 이유는 무엇입니까?

A2 한국언론진흥재단은 정부기관 및 공공법인 등에서 정부광고 업무를 의뢰해 올 경우에 광고 컨설팅, 매체 구매, 매체 집행, 매체효과 조사, 세금계산서 발행 등 광고 집행의 모든 절차에 대해 서비스를 제공하고 있습니다. 정부광고법에 근거해 수익자 부담의 원칙에 따라 정부광고비의 10%에 해당하는 비용을 수수료로 받고 있습니다. 민간 대행사 등이 광고비의 15% 내외를 수수료로 징수하는 것에 비해 낮은 수수료 비율을 유지하고 있습니다.

Q3 정부광고를 한국언론진흥재단에 의뢰하지 않는 등 정부광고법을 위반하는 경우에 어떤 제재나 불이익을 받는지요?

A3 정부광고법과 그 시행령을 준수하지 않는 경우에는 정부광고법 제13조, 동법 시행령 제11조 등에 따라 문화체육관광부장관이 해당 기관의 장에게 시정 조치를 요구하도록 하고 있습니다.

Q4 정부광고법을 위반했을 경우에 문화체육관광부장관이 시정 조치를 요구하게 되는데 어떤 절차로 이루어지는지요?

A4 정부광고법 제13조 및 시행령 제11조 등에 따라 문화 체육관광부장관은 정부기관 등의 장이 정부광고를 문화체육관 광부장관(한국언론진흥재단)에 의뢰하지 않는 등 제5조를 위반 하는 경우에 시정 조치를 요구해야 합니다. 공문 등 문서를 통 해 해당기관의 장에게 시정 조치를 요구하게 되며, 해당기관의 장은 시정 조치 결과를 문화체육관광부장관에게 문서 등을 통 해 통보해야 합니다. 시정 조치의 요구 사항을 이행하지 않거나 시정 조치 결과를 문화체육관광부장관에게 통보하지 않으면, 감사 요구나 국회 보고 같은 불이익이 예상되니, 정부광고법을 위반하는 사례가 발생하지 않도록 각별히 유의해야 합니다.

광고 컨설팅

Q1 정부광고통합지원시스템에 등록돼 있지 않은 매체사의 경우 에는 어떤 절차로 등록 요청을 해야 하는지요?

A1 매체사 계약에 필요한 서류는 사업자등록증 사본, 간 행물등록증(인쇄, 인터넷), 통장사본, 인감증명서 원본 1부이며, 계약서는 온라인 또는 우편등기로 한국언론진흥재단의 매체사 계약 담당자에게 발송해 관련 업무를 지원받을 수 있습니다.

Q2 매체에 무상으로 광고를 게재하는 경우에도 정부광고법의 대상입니까? 만약 정부광고법의 대상이라면 수수료는 어떻게 책정되는지요?

A2 무상으로 광고를 게재하는 경우에는 정부광고법 제2조의 정부광고 정의인 '유료고지 행위'에 해당하지 않습니다. 다만, 후원하는 차원에서 선의의 목적으로 무상 광고를 게재해주는 경우에는 후원과 광고가 무관함을 입증해야 합니다. 따라서 매체에 무상으로 광고를 게재하면 정부광고법의 대상이 되지 않으며, 대행 수수료도 부과되지 않습니다.

광고 의뢰

Q1 정부광고주가 계약서 없이 한국언론진흥재단에 정부광고를 의뢰할 수 있는 근거는 무엇입니까?

A1 정부광고 대행 업무는 정부기관 및 공공법인의 정부광고 업무를 보다 효율적이고 효과적으로 수행하기 위해 정부기관 및 공공법인의 업무를 문화체육관광부에 의뢰하는 업무대행 사무에 해당됩니다. 따라서 「국가를 당사자로 하는 계약에 관한 법률 시행령」 제49조(계약서 작성의 생략) 제4항에 명시된 '각 국가기관 및 지방자치단체 상호 간에 계약을 체결하는 경우'로 간주해, 정부광고주가 문화체육관광부에 의뢰하는 정부광고 요청서로 계약서를 대신하고 있습니다.

Q2 고유번호증을 보유한 비영리 법인이 정부광고를 할 경우에는 고유번호증으로 사업자등록증을 대신할 수 있는지요?

A2 비영리 법인은 영리를 목적으로 하는 법인이 아니므로, 사업자등록증 대신 고유번호증이 발급됩니다. 따라서 비영리 법인은 사업자등록증이 아닌 고유번호증을 증빙으로 제출하면 됩니다.

Q3 행사에 금전 대신 소품을 지원하고 후원처를 기재할 경우에도 정부광고법의 적용 대상입니까?

A3 행사에 금전 대신 소품을 지원하고 후원처를 기재하는 경우에는 한국언론진흥재단에 의뢰하지 않고 자체적으로 시행 가능합니다. 다만, 행사 지원 등과 매체에 송출하는 정부광고가 복합적으로 연계된 사업이라면 정부광고 부분은 한국언론진흥재단에 요청하셔야 합니다. 협찬 등이 예정된 경우에는 언제나 시행 전에 한국언론진흥재단에 먼저 문의하시고 처리하시는 것이 바람직합니다.

Q4 방송 프로그램이나 신문 등에 대한 협찬도 한국언론진흥재단에 정부광고 대행을 의뢰해야 하는지요? 의뢰해야 한다면 그 근거는 무엇입니까?

A4 협찬 중에서 정부광고의 정의에 해당하는 협찬의 경우에는 정부광고법 제2조 및 제5조 등에 근거해 한국언론진흥

06 정부광고의 시행 실무

재단에 의뢰해야 합니다. 최근에 법제처 법령해석심의위원회의 법령 해석에서도 그렇게 해석한 바 있습니다. 특히, 정부기관 등에서 협찬을 시행하려는 경우에는 한국언론진흥재단의 정부광고통합지원시스템 고애드(GOAD)에 들어가 『정부광고 업무편람』의 "유사 정부광고 금지 및 협찬 광고 집행" 부분을 사전에 숙지하시는 것이 좋습니다. 언제나 시행 전에 한국언론진흥재단에 먼저 문의하시고 의뢰 대상인지의 여부를 경청한 이후에 협찬을 집행해야, 정부광고법을 위반하는 사례가 발생하지 않는다는 점에 유의해 주시기 바랍니다.

매체 구매와 집행

Q1 디지털 미디어 시대에 인터넷이나 모바일 기반의 다양한 방법으로 시행되는 모든 형태의 정부광고에 대해서도 의뢰해야 하는지요?

A1 정부기관 등은 방송, 신문, 인터넷, 옥외 등 광고가 가능한 모든 매체에 집행하는 정부광고에 대해 한국언론진흥재단에 의뢰해야 합니다. 특히, 인터넷과 모바일을 기반으로 생겨나는 다양한 유형의 홍보 형태(블로그, SNS 등)도 모두 의뢰의 대상입니다.

Q2 신문이나 잡지 등 매체가 ABC발행부수공사 검증을 받지 않았을 경우에는 정부광고를 게재할 수 없는지요?

A2 정부광고법이 처음 발효됐을 때는 정부광고법 제6조 제2항 등에 근거해서 한국ABC협회의 전년도 발행부수 검증에 참여하지 않은 신문 또는 잡지에는 정부광고를 집행하지 않는 것이 바람직했습니다. 그러나 한국ABC협회의 발행부수 조작 의혹을 규탄하는 폭로 사건이 발생한 다음에 정부광고법 시행령을 일부 개정했기에, 발행부수 검증에 참여했는지의 여부가 정부광고 게재의 필요 조건은 아닙니다. 다만 시행령이 다시 개정될 수도 있고 제도는 항상 바뀔 수 있기 때문에, 한국언론진흥재단에 문의하셔서 전문가의 의견을 경청하시면 좋겠습니다.

Q3 사보나 학회지 등에 정부광고를 게재하고자 할 때에도 한국 언론진흥재단에 의뢰해야 하는지요?

A3 사보나 학회지에 게재하는 정부광고의 경우에도 의뢰의 대상입니다. 사보나 학회지가 정기간행물등록 기준으로 '신문' 또는 '잡지'가 아닌 '기타간행물'이나 '정보간행물'에 해당하는 경우에도 광고 집행이 가능합니다.

집행 결과의 확인과 광고효과 분석

Q1 광고주(정부기관 등)가 의뢰한 정부광고에 대한 효과가 궁금한 경우에 효과조사 서비스를 제공받을 수 있는지요?

A1 방송광고 송출에 대한 계량적 효과분석 등 광고효과

에 관한 자료를 요청하는 경우에는 한국언론진흥재단 광고기획팀의 미디어컨설팅 담당자가 관련 자료를 제공해 드리고 있습니다. 한국언론진흥재단에서 상시 진행하는 조사의 영역을 벗어나 추가적인 조사(조사기관을 선정해 추출된 표본을 대상으로 광고 수용도나 광고 인지도 등을 측정하는 효과조사)도 가능하며, 다만 이러한 경우에는 정부광고법 제6조 등에 따라 조사를 요청한 정부기관 등에서 비용을 부담해야 합니다.

민간 협력

Q1 민간 제작사에게 광고 콘텐츠 제작을 의뢰하고자 할 때에는 어떻게 해야 하는지요?

A1 광고 콘텐츠의 제작 등 민간의 광고회사나 제작사와 협력이 필요한 경우에 정부광고주가 직접 민간 대행사와 제작사를 선정할 수도 있고, 한국언론진흥재단에 선정을 요청할 수도 있습니다. 한국언론진흥재단의 정부광고통합지원시스템 고애드(GOAD)에 접속해 『정부광고 업무편람』의 "민간 대행·제작사 선정 방법"을 특별히 숙지하신 다음 한국언론진흥재단의 담당자와 상담하고 나서, 정부광고 의뢰서를 작성할 때 '제작 필요 여부'에 체크해 주시면 됩니다.

Q2 민간 대행사와 종합적 광고 업무를 수행하고자 할 때 어떠한

조건이 있는지요?

A2 정부기관 등에서 홍보 매체에 시행하는 정부광고와 함께 기획, 제작, 홍보(PR), 온라인 및 SNS 활동, 이벤트 및 프로모션 등을 추진하는 종합광고를 시행하고자 하는 경우에는 "민간 협력" 부분을 숙지하시고, 한국언론진흥재단과 사전에 협의해 진행하는 것이 바람직합니다. 특히 종합광고의 협력은 주제별로 정부광고료 및 정부광고에 소요된 경비가 10억 원 이상이어야 하고, 민간 광고회사가 일정한 대가를 받을 수 있도록 한국언론진흥재단도 계약 당사자로 참여해 정부기관 등과 함께 계약을 체결해야 하므로 각별히 유의해야 합니다.

정산 등 사후 절차

Q1 정부광고의 광고료 입금과 관련하여, 세부 입금내역은 어떻게 확인해야 하는지요?

A1 광고료 입금 내역 등을 비롯해 주요 절차별 진행 상황은 한국언론진흥재단에서 구축한 정부광고통합지원시스템 고애드(GOAD)의 홈페이지에 접속해 세부 내용을 확인할 수 있습니다. 그리고 한국언론진흥재단의 담당자에게 요청해 확인하실 수도 있습니다.

기타

Q1 해외에서 집행하는 우리나라 정부광고도 한국언론진흥재단에 의뢰해야 하는지요?

A1 정부기관 등에서 해외 매체에 집행하는 경우에도 정부광고법 제2조 제4호 등에 따라 정부광고법이 적용됩니다. 이 경우에도 반드시 한국언론진흥재단에 정부광고 집행을 의뢰해야 합니다.

Q2 정부광고 요청서를 작성하다 보면 정부광고 대행 수수료를 마치 11% 공제하는 것처럼 보이는 이유는 무엇입니까?

A2 정부광고법 시행령 제7조 제2항에 규정된 바와 같이, 한국언론진흥재단이 부과하는 정부광고의 수수료 비율은 10% 입니다. 다만, 세금계산서를 발행하는 시스템에서는 전체 광고비에서 정부광고 수수료 10%와, 광고비와 수수료를 합친 총액에 대한 부가세 10%를 추가로 공제하기 때문에 전체 광고비의 11%가 공제되는 것으로 보일 수 있습니다.

Q3 정부기관 등에서 후원할 때 선의의 목적에서 무상광고를 게재해 주겠다고 하는 경우에는 정부광고의 범위에 포함되는지요?

A3 정부기관 등이 후원 같은 금전을 제공하고 매체사로부터 광고 서비스를 받는 것은 정부광고 행위로 볼 수 있는 여

지가 있습니다. 이 경우에는 후원과 광고와의 무관함을 명확히 입증할 수 있어야 하지만, 현실적으로 입증하기 어려울 때가 많을 것입니다. 따라서 이런 형식의 서비스를 주고받는 행위는 지양하는 것이 바람직합니다.

정부기관 및 공공법인 등의 광고시행에 관한 법률(정부광고법)

[시행 2021. 11. 19.] [법률 제18164호, 2021. 5. 18. 일부개정]

문화체육관광부(미디어정책과) 044 - 203- 3212

제1조(목적) 이 법은 정부광고에 관한 사항을 규정함으로써 정부광고의 효율성 및 공익성 향상에 이바지함을 목적으로 한다.

제2조(정의) 이 법에서 사용하는 용어의 뜻은 다음과 같다.

1. "정부기관"이란 「정부조직법」에 따른 국가기관, 「지방자치법」 제2조제1항 각 호에 따른 지방자치단체 및 같은 조 제3항에 따른 특별지방자치단체, 「지방교육자치에 관한 법률」 제18조에 따른 교육감 및 같은 법 제34조에 따른 하급교육행정기관을 말한다.

2. "공공법인"이란 「공공기관의 운영에 관한 법률」 제4조제1항에 따라 지정된 공공기관, 「지방공기업법」에 따른 지방공기업 및 특별법에 따라 설립된 법인을 말한다.

3. "정부광고"란 정부기관 또는 공공법인(이하 "정부기관 등"이라 한다)이 국내외의 홍보매체에 광고, 홍보, 계도 및 공고 등을 하기 위한 모든 유료고지 행위를 말한다.

4. "홍보매체"란 「신문 등의 진흥에 관한 법률」 제2조에 따른 신문 · 인터넷신문 · 인터넷뉴스서비스, 「잡지 등 정기간행물의 진흥에 관한 법률」 제2조제1호에 따른 정기간행물, 「방송법」 제2조제1호에

따른 방송, 「옥외광고물 등의 관리와 옥외광고산업 진흥에 관한 법률」 제2조제1호에 따른 옥외광고물, 「방송통신발전 기본법」 제2조제1호에 따른 방송통신, 「뉴스통신 진흥에 관한 법률」 제2조제1호에 따른 뉴스통신, 「인터넷 멀티미디어 방송사업법」 제2조제1호에 따른 인터넷 멀티미디어 방송 및 그 밖에 문화체육관광부장관이 지정하는 매체로서 이와 유사한 국내외의 매체를 포함한다.

제3조(국가 등의 책무) ① 국가는 정부광고의 예산을 절감하고 효과성을 증진하기 위하여 필요한 계획의 수립 등 행정상 지원조치를 강구하여야 한다.

② 정부기관 등의 장은 정부광고의 시행에 필요한 연간 계획을 제5조에 따라 정부광고를 요청하기 전에 수립하여야 한다.

제4조(다른 법률과의 관계) 정부기관 등의 정부광고에 관하여 다른 법률에서 특별히 정한 경우를 제외하고는 이 법에서 정하는 바에 따른다.

제5조(광고의뢰) 정부기관 등의 장은 소관업무에 관하여 홍보매체에 정부광고를 하려는 경우 소요 예산, 내용, 광고물 제작 여부 등 정부광고에 필요한 사항을 명시하여 미리 문화체육관광부장관에게 요청하여야 한다.

제6조(홍보매체 선정) ① 문화체육관광부장관은 정부기관 등으로부터 정부광고를 요청받은 경우 정부기관 등의 의견을 우선하여 홍보매체를 선정하여야 한다. 이 경우 광고의 목적, 국민의 보편적 접근성 보장 등을 고려하여야 한다.

② 문화체육관광부장관은 신문 및 잡지에 광고하는 경우에는 정부광고의 효율성을 높이고 질서를 확립하기 위하여 전년도 발행부수와 유가부수를 신고·검증·공개한 신문 및 잡지를 홍보매체로 우선 선정할 수 있다.

③ 그 밖에 홍보매체의 선정과 관련하여 필요한 사항은 대통령령으로 정한다.

제7조(자료 요청) 문화체육관광부장관은 제6조제2항에 따른 홍보매체를 선정하기 위하여 신문 및 잡지를 경영하는 사업자에게 전체 발행부수 및 유가 판매부수에 대한 자료를 요청할 수 있다.

제8조(소요경비 지출) ① 문화체육관광부장관은 홍보매체로부터 정부광고료 및 정부광고에 소요된 경비의 청구가 있을 때에는 이를 확인하여 정부광고를 요청한 기관에 정부광고 증빙자료 및 경비지출내역 등을 송부하여야 한다.

② 제1항에 따른 정부광고료 및 정부광고에 소요된 경비는 정부광고를 요청한 기관에서 부담하여야 한다.

제9조(정부기관 등의 유사 정부광고 금지 등) 정부기관 등은 정부광고 형태 이외에 홍보매체나 방송시간을 실질적으로 구매하는 어떤 홍보 형태도 할 수 없다. 다만, 해당 홍보매체에 협찬받은 사실을 고지하거나 「방송법」 제2조제22호에 따른 협찬고지를 한 경우에는 그러하지 아니하다.

제10조(정부광고 업무의 위탁) ① 문화체육관광부장관은 필요하다고 인정하는 경우 제5조부터 제8조까지에 따른 정부광고 업무를 대통령령으로 정하는 기관이나 단체에 위탁할 수 있다.

② 제1항에 따라 정부광고 업무를 위탁받은 기관이나 단체(이하 "수탁기관"이라 한다)는 수수료를 징수할 수 있다.

③ 제2항에 따른 수수료는 정부광고료의 100분의 10을 초과할 수 없다. 〈신설 2021. 5. 18.〉

④ 수탁기관은 제2항에 따라 징수된 수수료는 문화체육관광부장관의 승인을 받아 다음 각 호의 지원에 사용하여야 한다. 〈개정 2021.

5. 18〉

1. 신문, 인터넷신문, 인터넷뉴스서비스, 뉴스통신 및 잡지의 진흥을 위한 지원

2. 방송, 광고 진흥을 위한 지원

3. 그 밖에 언론진흥을 위하여 대통령령으로 정하는 사항

⑤ 그 밖에 수수료의 징수와 사용에 필요한 사항은 대통령령으로 정한다.

제11조(지휘·감독) ① 문화체육관광부장관은 수탁기관을 지휘·감독하며, 필요하다고 인정하는 경우 사무의 처리에 필요한 지시, 조치 및 보고를 명할 수 있다.

② 문화체육관광부장관은 수탁기관의 사무 처리가 위법 또는 부당하다고 인정하는 경우 그 사무를 취소하거나 정지시킬 수 있다.

③ 문화체육관광부장관은 제2항에 따라 해당 사무를 취소 또는 정지시키고자 하는 경우 그 취소 또는 정지의 사유를 문서로 수탁기관에 통보하고 미리 의견진술의 기회를 주어야 한다.

제12조(비밀누설의 금지) 수탁기관의 임원 또는 직원이나 그 직에 있었던 사람은 그 직무상 알게 된 비밀을 누설하여서는 아니 된다.

제13조(시정조치 요구) 문화체육관광부장관은 정부기관 등의 장이 제5조를 위반한 경우 시정조치를 요구할 수 있다. 이 경우 정부기관 등의 장은 이에 따라야 한다.

제14조(국회 보고) 문화체육관광부장관은 정부광고에 대한 집행내용, 제5조를 위반한 정부기관 등의 현황 및 제13조에 따른 시정조치 요구 현황과 시정조치 결과 등을 다음 연도 5월 31일까지 국회에 보고하여야 한다. 〈개정 2021. 5. 18.〉

제15조(벌칙 적용에서 공무원 의제) 제10조제1항에 따라 위탁받은 업무

에 종사하는 기관 · 단체의 임직원은 「형법」 제129조부터 제132조
까지의 규정을 적용할 때에는 공무원으로 본다.

제16조(벌칙) 제12조를 위반하여 비밀을 누설한 사람은 1년 이하의 징
역 또는 1천만원 이하의 벌금에 처한다.

부칙 〈법률 제15640호, 2018. 6. 12.〉
이 법은 공포 후 6개월이 경과한 날부터 시행한다.

부칙 〈법률 제18164호, 2021. 5. 18.〉
이 법은 공포 후 6개월이 경과한 날부터 시행한다.

정부기관 및 공공법인 등의 광고시행에 관한 법률 시행령

[시행 2021. 11. 19.] [대통령령 제32110호, 2021. 11. 9. 일부개정]

문화체육관광부(미디어정책과) 044-203-3212

제1조(목적) 이 영은 「정부기관 및 공공법인 등의 광고시행에 관한 법률」에서 위임된 사항과 그 시행에 필요한 사항을 규정함을 목적으로 한다.

제2조(정부광고의 연간 계획 수립 등의 지원) 문화체육관광부장관은 정부기관 및 공공법인(이하 "정부기관 등"이라 한다)의 장이 「정부기관 및 공공법인 등의 광고시행에 관한 법률」(이하 "법"이라 한다) 제3조제2항에 따른 연간 계획을 수립하기 위하여 지원을 요청하는 경우 다음 각 호의 지원을 할 수 있다.

1. 정부기관 등이 정부광고를 시행하는 데 필요한 홍보매체에 관한 자료의 제공

2. 정부기관 등이 홍보매체 전략을 수립하는 데 필요한 자료의 제공

3. 그 밖에 정부광고의 품질 향상을 위한 지원

제3조(광고의뢰 절차) ① 정부기관 등의 장은 법 제5조에 따라 문화체육관광부장관에게 정부광고를 요청하는 경우로서 광고물 제작이 필요한 경우에는 민간 광고제작사 등을 선정하여 요청하거나 선정하여 줄 것을 함께 요청할 수 있다.

② 정부기관 등의 장은 법 제5조에 따라 홍보매체에 정부광고를 하려는 경우 다음 각 호의 구분에 따른 기한까지 문화체육관광부령으로 정하는 바에 따라 문화체육관광부장관에게 요청해야 한다. 다만, 긴급담화 등 긴급하거나 문화체육관광부장관과 사전에 협의된 정부광고는 광고 시행일 전날까지 요청할 수 있다.

1. 국내 홍보매체를 통한 정부광고: 다음 각 목의 구분에 따른 기한

가. 공고 등 일반 고지광고: 광고 시행일 7일 전

나. 광고물 제작이 수반되는 광고: 광고 시행일부터 역산하여 광고물 제작에 걸리는 기간에 7일을 합산한 날 이전

다. 홍보매체를 구매하기 위한 약정 기일이 있는 광고: 약정 기일 7일 전

2. 국외 홍보매체를 통한 정부광고: 다음 각 목의 구분에 따른 기한

가. 공고 등 일반 고지광고: 광고 시행일 15일 전

나. 광고물 제작이 수반되는 광고: 광고 시행일부터 역산하여 광고물 제작에 걸리는 기간에 15일을 합산한 날 이전

다. 홍보매체를 구매하기 위한 약정 기일이 있는 광고: 약정 기일 15일 전

제4조(홍보매체 선정) ① 문화체육관광부장관은 법 제6조제1항에 따라 정부기관 등의 장이 의견을 내기 위해 홍보매체의 선정에 필요한 자료를 요청하면 홍보매체의 구독률, 열독률, 시청률, 이용률 등의 자료를 제공할 수 있다. 〈개정 2021. 11. 9.〉 [시행일: 2022. 1. 1.]

② 문화체육관광부장관은 제1항에 따른 자료의 제공 외에 정부기관 등의 장이 요청하는 경우에는 홍보매체의 효과성 분석 등에 관한 조사를 실시할 수 있다. 이 경우 조사에 드는 비용은 조사를 요청한 정부기관 등이 부담한다.

제5조(자료 요청) 삭제 〈2021. 11. 9.〉 [시행일: 2022. 1. 1.]

제6조(업무의 위탁) ① 문화체육관광부장관은 법 제10조제1항에 따라 법 제5조부터 제8조까지의 규정에 따른 정부광고 업무를 「신문 등의 진흥에 관한 법률」 제29조에 따른 한국언론진흥재단에 위탁한다.

② 제1항에 따라 정부광고 업무를 위탁받은 한국언론진흥재단(이하 "수탁기관"이라 한다)은 문화체육관광부장관의 승인을 받아 정부광고 업무를 처리하기 위해 필요한 사항을 정할 수 있다.

제7조(수수료의 징수) ① 수탁기관은 법 제10조제2항에 따라 수수료를 징수하는 경우에는 정부광고를 요청한 정부기관 등으로부터 수수료를 징수해야 한다. 다만, 「방송광고판매대행 등에 관한 법률」 제5조에 따라 광고판매대행자가 위탁한 방송광고는 광고판매대행자로부터 수수료를 징수해야 한다.

② 제1항에 따른 수수료는 법 제8조에 따른 정부광고료의 100분의 10으로 한다. 다만, 제1항 단서에 따라 광고판매대행자로부터 수수료를 징수하는 경우에는 「방송광고판매대행 등에 관한 법률 시행령」 제11조제2항에도 불구하고 같은 조 제1항에 따른 방송광고판매액의 100분의 10으로 한다.

제8조(언론진흥을 위한 수수료 사용) 법 제10조제3항제3호에서 "대통령령으로 정하는 사항"이란 다음 각 호의 사항을 말한다.

1. 「신문 등의 진흥에 관한 법률」 제34조에 따른 언론진흥기금(이하 "언론진흥기금"이라 한다)에 대한 출연

2. 미디어교육 지원 사업

3. 정보격차 해소 지원 사업

4. 그 밖에 문화체육관광부장관이 필요하다고 인정하는 언론진흥 사업

제9조(그 밖의 수수료 사용) ① 수탁기관은 법 제10조제2항에 따라 징수된 수수료를 법 제10조제4항 각 호의 지원 외에 다음 각 호의 용도에 사용해야 한다.

1. 정부광고 품질 향상에 관한 사업

2. 공익광고 사업

3. 제3조제1항에 따른 민간 광고제작사 등의 광고물 제작 등에 대한 대가의 지급

4. 제12조에 따른 정부광고 업무종사자에 대한 교육의 지원 사업

5. 수탁기관의 인건비 및 운영 경비

② 수탁기관은 제1항에 따라 수수료를 사용하고 잔액이 발생하는 경우에는 언론진흥기금에 출연해야 한다.

제10조(정부광고 시행의 보고) ① 수탁기관은 매월 정부광고의 시행실적을 다음 달 10일까지 문화체육관광부장관에게 제출해야 한다.

② 수탁기관은 매년 정부광고 회계보고서를 사업연도 종료일부터 90일 이내에 문화체육관광부장관에게 제출해야 한다.

제11조(시정조치 결과의 통보) 법 제13조 전단에 따라 문화체육관광부장관으로부터 시정조치를 요구받은 정부기관 등의 장은 조치 결과를 문화체육관광부장관에게 통보해야 한다.

제12조(정부광고 교육 지원) 문화체육관광부장관은 정부기관 등이 정부광고 업무의 전문성과 역량을 강화하기 위한 교육을 실시하는 경우 필요한 지원을 할 수 있다.

제13조(정부광고자문위원회) ① 정부광고의 효율성과 공익성 향상에 관하여 문화체육관광부장관의 자문에 응하게 하기 위하여 문화체육관광부장관 소속으로 정부광고자문위원회(이하 "위원회"라 한다)를 둔다.

② 위원회는 다음 각 호의 사항에 관하여 심의하거나 자문에 응한다.

1. 정부광고의 제도 개선에 관한 사항

2. 정부광고의 품질 향상에 관한 사항

3. 정부광고의 중장기 발전방향에 관한 사항

4. 그 밖에 정부광고와 관련하여 문화체육관광부장관이 위원회에 자문을 요청한 사항

[대통령령 제29341호(2018. 12. 11.) 부칙 제2조의 규정에 의하여 이 조는 2021년 12월 12일까지 유효함]

제14조(위원회의 구성 및 위원의 임기) ① 위원회는 위원장을 포함하여 10명 이내의 위원으로 구성한다.

② 위원회의 위원(이하 "위원"이라 한다)은 다음 각 호에 해당하는 사람 중에서 문화체육관광부장관이 위촉한다.

1. 수탁기관의 정부광고 담당 임원

2. 정부광고에 관한 학식과 경험이 풍부한 사람으로서 정부광고와 관련된 학회 또는 기관의 추천을 받은 사람

③ 위원회의 위원장(이하 "위원장"이라 한다)은 위원 중에서 호선(互選)한다.

④ 위원의 임기는 3년으로 한다. 다만, 위원의 사임 등으로 새로 위촉된 위원의 임기는 전임자 임기의 남은 기간으로 한다.

[대통령령 제29341호(2018. 12. 11.) 부칙 제2조의 규정에 의하여 이 조는 2021년 12월 12일까지 유효함]

제15조(위원회의 운영) ① 위원장은 위원회를 대표하고, 위원회의 업무를 총괄한다.

② 위원장이 부득이한 사유로 직무를 수행할 수 없을 때에는 위원 중 연장자의 순으로 그 직무를 대행한다.

③ 위원장은 위원회의 회의를 소집하고, 그 의장이 된다.

④ 위원회의 회의는 재적위원 과반수의 출석으로 개의(開議)하고, 출석위원 과반수의 찬성으로 의결한다.

⑤ 문화체육관광부장관은 수탁기관에 위원회의 사무처리 등을 위한 지원을 요청할 수 있다.

⑥ 이 영에서 규정한 것 외에 위원회의 운영에 필요한 사항은 위원회의 의결을 거쳐 위원장이 정한다.

[대통령령 제29341호(2018. 12. 11.) 부칙 제2조의 규정에 의하여 이 조는 2021년 12월 12일까지 유효함]

부칙 〈대통령령 제29341호, 2018. 12. 11.〉

제1조(시행일) 이 영은 2018년 12월 13일부터 시행한다.

제2조(유효기간) 제13조부터 제15조까지의 규정은 2021년 12월 12일까지 효력을 가진다.

부칙 〈대통령령 제32110호, 2021. 11. 9.〉

이 영은 2022년 1월 1일부터 시행한다. 다만, 제8조 및 제9조제1항의 개정규정은 2021년 11월 19일부터 시행한다.

정부기관 및 공공법인 등의 광고시행에 관한 법률 시행규칙

[시행 2018. 12. 13.] [문화체육관광부령 제342호, 2018. 12. 13. 제정]

문화체육관광부(미디어정책과) 044-203-3212

제1조(목적) 이 규칙은 「정부기관 및 공공법인 등의 광고시행에 관한 법률」 및 같은 법 시행령에서 위임된 사항과 그 시행에 필요한 사항을 규정함을 목적으로 한다.

제2조(정부광고 요청서) 「정부기관 및 공공법인 등의 광고시행에 관한 법률 시행령」 제3조제2항에 따른 정부광고의 요청은 별지 서식의 정부광고 요청서에 따른다.

부칙 〈문화체육관광부령 제342호, 2018. 12. 13.〉

이 규칙은 2018년 12월 13일부터 시행한다.

정부광고 업무 규정
[제정 2018. 12. 13.] [개정 2021. 9. 15.]

한국언론진흥재단(광고전략팀) 02-2001-7661, 7663

제1조(목적) 이 규정은 「정부기관 및 공공법인 등의 광고시행에 관한 법률 시행령」(이하 "영"이라 한다) 제6조제2항에서 위임된 정부광고 업무 수행에 필요한 사항을 규정함을 목적으로 한다.

제2조(적용범위) 이 규정은 한국언론진흥재단(이하 "재단"이라 한다)의 정부광고 업무 수행에 대하여 적용한다.

제3조(정부광고 품질 향상을 위한 지원) 재단은 영 제2조제3호의 정부광고 품질 향상을 위하여 다음 각 호를 지원할 수 있다.

1. 정부광고 시행에 필요한 대내외 환경 분석
2. 정부광고 목표 설정 등 전략방향 설정
3. 정부광고 시행 예산 산정 제안
4. 정부광고 제작 방향 제안
5. 정부광고 시행 효과분석

제4조(광고의뢰 시행) ① 재단은 영 제3조제1항에 따라 정부기관 등이 홍보매체 광고의뢰와 광고물 제작, 홍보 행사, 효과조사 등을 함께 의뢰할 경우, 개인, 기업, 단체와 협력하여 시행할 수 있다.

② 재단은 광고의뢰서를 접수할 때 정부광고를 요청한 기관(이하

"정부광고 요청기관"이라 한다) 직인 날인, 연락처 등 필요 기재 사항을 확인하고 정부광고 요청기관 담당자에게 접수 사실을 통보한다.

③ 그 밖의 광고의뢰 시행의 세부사항은 재단의 장(이하 "재단 이사장"이라 한다)이 별도로 정한다.

제5조(홍보매체 선정 지원) ① 영 제4조제1항에 따라 재단이 제공하는 홍보매체 선정에 필요한 자료는 다음 각 호와 같다.

1. 인쇄매체의 구독률, 열독률 등 〈개정 2021. 9. 15.〉 [시행일: 2022. 1. 1.]

2. 방송매체의 시청률, 청취율 등

3. 인터넷매체의 방문자수, 이용횟수 등

4. 옥외매체 자료 등 기타 제공 가능한 자료

② 재단은 정부광고 요청기관이 홍보매체 선정을 위해 홍보매체의 광고지면, 광고시간 등 광고 시행에 필요한 사항을 요청하면 이를 확인하여 제공한다.

③ 재단은 영 제4조제2항에 따라 홍보매체의 효과성 분석 등에 관한 조사를 의뢰받아 전문조사기관에 의뢰하여 지원할 수 있다.

④ 재단은 영 제4조제2항에 따른 홍보매체의 효과성 분석 등을 위해 국민 참여 평가단을 운영할 수 있다.

제6조(자료 확인) 삭제 〈2021. 9. 15.〉

제7조(소요경비 확인 등) ① 재단은 법 제8조의 업무를 효율적으로 수행하기 위해 다음 각 호에서 정하는 사업자(이하 "매체사"라 한다)와 계약하여야 한다.

1. 홍보매체를 직접 보유하고 운용하는 사업자

2. 홍보매체의 광고판매 사업자

3. 제1호, 제2호의 사업자와 판매대행 계약을 체결한 사업자

4. 「방송광고판매대행 등에 관한 법률」의 방송광고판매대행사업자

② 재단은 법 제8조제1항에 따라 다음 각 호의 증빙 자료 등을 확인하여 정부광고 요청기관에 송부하여야 한다.

1. 광고 게재 지면 등(년, 일, 시간을 증명할 수 있는 보완 사진을 포함) 광고 시행 증명 자료

2. 광고 시행 결과보고서

3. 거래명세서

4. 기타 정부광고 요청기관이 요구하는 자료

③ 재단은 법 제8조제2항에 따라 정부광고 요청기관에게 매체사 명의의 세금계산서를 발행하고 지급받을 계좌를 지정하여 소요경비 지급을 요청한다. 해당 세금계산서 비고란에 재단의 사업자등록번호를 부기한다.

④ 재단은 입금된 정부광고료 및 소요경비를 건별로 조회 · 확인 입력하고 수금일보를 작성하여 결재 처리하여야 한다.

⑤ 재단은 정부광고료 및 소요경비를 제1항의 사업자 간에 합의하여 지급 방법을 정한다.

⑥ 그 밖에 정부광고료 및 소요경비의 수금과 지급에 관한 세부 사항은 재단 이사장이 별도로 정한다.

제8조(수수료 청구 및 처리) 영 제7조에 따라 재단은 정부광고 요청기관에 수수료 명세서를 첨부한 세금계산서와 함께 지급받을 계좌를 지정하여 수수료 지급을 요청한다.

제9조(민간협력에 대한 대가 지급 등) ① 재단은 다음 각 호 모두에 해당되는 경우 영 제9조제1항제3호에 따라 광고물 제작 등(이하 "민간협력"이라 한다)에 대한 대가를 지급할 수 있다.

1. 주제별로 광고의뢰 된 정부광고료 및 정부광고에 소요된 경비가 10억원 이상인 경우

2. 홍보매체에 시행하는 정부광고와 광고기획, 광고제작, 홍보(PR), 온라인 및 SNS 활동, 이벤트 및 프로모션 등을 함께 의뢰하는 종합광고일 경우

3. 사전에 재단과 민간협력을 협의하여 그 사항을 광고의뢰서에 명기한 경우

4. 재단이 민간협력 계약 당사자인 경우

② 제1항에 따라 민간협력의 대가는 다음 각 호에 따른다.

1. 주제별로 광고의뢰 된 정부광고료 및 정부광고에 소요된 경비가 10억 원 이상 30억 미만인 경우 : 수수료의 100분의 60

2. 주제별로 광고의뢰 된 정부광고료 및 정부광고에 소요된 경비가 30억 이상인 경우 : 수수료의 100분의 70

③ 재단은 정부기관 등으로부터 홍보매체에 흑백공고나 긴급 담화문 시행을 위하여 광고물 제작을 요청받은 경우 전문 광고제작사와 협력하여 지원할 수 있다. 이 경우 제작 소요경비는 재단의 예산 범위 이내에서 지원할 수 있다.

④ 재단은 제3항의 제작 지원을 위해 전문 광고제작사로 구성된 풀(Pool)을 운영할 수 있다.

⑤ 재단은 특별한 절차를 요하는 정부광고 업무 등에 필요하다고 인정하는 경우에 관련 업무를 수행할 수 있는 기관이나 단체와 협력할 수 있다.

⑥ 그 밖의 민간협력에 필요한 사항은 재단 이사장이 별도로 정할 수 있다.

제10조(회계정리 등) 재단은 영 제10조제2항의 정부광고 회계보고서를

다음 각 호와 같이 구분하여 정리한다.

1. 재단 이사장은 정부광고 회계 전용 계좌를 별도로 운영한다.

2. 재단 이사장은 영 제10조제2항의 회계보고서에 관련된 장부와 근거자료를 보관하여야 한다.

3. 그 밖의 정부광고 회계정리에 필요한 사항은 재단의 회계기준을 따른다.

제11조(시정조치 보고) 재단은 정부기관 등의 장이 법 제5조를 위반하였을 때에는 문화체육관광부장관에게 시정조치 사항을 보고하여야 한다.

제12조(정부광고 교육 지원) ① 재단은 영 제12조에 따라 교육 지원과 교육 수준 향상을 위한 교육제도, 교육방법 등을 연구하여야 한다.

② 재단은 제1항의 교육지원을 위해 교육과정별 교육시기, 교육기간, 기관별 교육예정인원 등을 포함한 교육계획을 작성하여야 한다.

③ 재단은 제2항의 교육계획에 의하여 교육을 실시하고 연간 교육 결과를 문화체육관광부장관에게 보고하여야 한다.

제13조(위원회의 사무처리 등) ① 영 제13조의 위원회의 회의는 다음 각 호와 같이 운영한다.

1. 위원회의 회의는 정기회의와 임시회의로 구분하되, 정기회의는 매년 하반기에 개최하고 임시회의는 문화체육관광부장관이 이사장에게 요청하여 소집할 수 있다.

2. 임시회의를 소집하고자 하는 경우, 이사장은 회의 개최일 5일전까지 회의일시, 장소 및 안건을 각 위원에게 통지하여야 한다. 다만, 긴급을 요하거나, 부득이한 사유가 있는 경우에는 그러하지 아니하다.

3. 위원회의 회의는 재적위원 과반수의 출석으로 개회되며 출석위

원 전문영역별로 관련 현안과 내용을 자문한다. 이사장은 자문 결과 및 시행 여부를 판단하여 문화체육관광부장관에게 보고하여야 한다.

4. 위원회는 정부광고 수탁 업무 담당자를 참석시켜 의견진술 등을 하게 할 수 있다.

5. 이사장은 위원회의 회의 진행을 위해 간사를 둘 수 있다.

6. 위원회는 회의록을 작성 · 비치하여야 한다. 회의록에는 회의일시, 장소, 출석위원, 회의안건, 자문내용과 결과 등을 기록하여야 한다.

② 재단은 위원회의 회의에 참여한 위원에게 예산 범위 내에서 수당을 지급할 수 있다.

부 칙

제1조(시행일) 이 규정은 2018년 12월 13일부터 시행한다.

제2조(존속기한) 제13조의 규정은 2021년 12월 12일까지 효력을 가진다.

부 칙

이 규정은 2021년 9월 15일부터 시행한다. 단, 제5조의 개정은 2022년 1월 1일부터 적용한다. 〈신설 2021. 9. 15.〉

국무총리훈령에 의한 과거의 정부광고 업무 시행지침

[제정 1972. 3. 4. 국무총리훈령 제102호. 개정 1974. 5. 11. 국무총리훈령 제120호. 개정 2009. 10. 6. 국무총리훈령 제541호. 2013. 12. 12. 일부 개정.]

제1조(목적) 이 지침은 「정부광고 시행에 관한 규정」(국무총리훈령 제 102호 1972. 3. 4., 제120호 1974. 5. 11., 제541호 2009. 10. 6.)에 의한 정부기관 및 공공법인(이하 "광고주"라 한다)에서 홍보매체에 유료광고를 게재하는 정부광고의 시행에 관한 세부 사항을 규정함을 목적으로 한다. 〈개정 2009. 10. 6.〉

제2조(홍보 매체의 범위) 이 지침에서 홍보 매체란 인쇄매체(일간신문, 주간신문, 월간잡지, 각종 화보 등 간행물) 광고, 전기통신 매체(방송, 통신, 인터넷 등) 광고, 교통(기차, 지하철, 버스, 택시 등) 광고 및 기타 광고(전광판, 선전탑, 광고판, 영화상영관, DM 등)를 말한다. 〈개정 2009. 10. 6.〉

제3조(광고 업무의 대행) 「정부광고 시행에 관한 규정」(국무총리훈령 제102호 1972. 3. 4. 및 제120호 1974. 5. 11., 제541호 2009. 10. 6.) 제9조에 의거 정부광고 업무를 다음 각 호의 구분에 따라 한국언론진흥재단 이사장 또는 재단법인 국제방송교류재단 사장이 각각 대행한다. 〈개정 2009. 10. 6.〉

1. 한국언론진흥재단: 국내 매체 광고 〈개정 2009. 10. 6.〉

2. 재단법인 국제방송교류재단: 해외 매체 광고

제4조(광고 의뢰) 광고주가 홍보매체에 유료 광고를 게재하고자 할 때에는 소정의 서식에 의거 필요한 사항을 기재하여 다음 각 호의 구분에 의한 기일 이전에 한국언론진흥재단 이사장 또는 재단법인 국제방송교류재단 사장(이하 "정부광고 업무대행 기관장"이라 한다)에게 의뢰함을 원칙으로 한다. 〈개정 2009. 10. 6.〉

1. 국내광고

가. 공고·고시 등 단순 고지광고: 광고 게재일 7일 전 〈개정 2009. 10. 6.〉

나. 의견 광고 등 광고물 제작에 수반되는 광고: 광고 게재일 15일 전 〈개정 2009. 10. 6.〉

다. 전파매체 광고로서 영상물 제작이 수반되는 광고: 제작 소요기간 이전

2. 해외광고

가. 해외 매체를 통한 단순광고: 광고 게재일 15일 전

나. 해외 매체 광고로 광고제작물이 수반되는 광고: 제작 소요기간에 15일을 합산한 날 이전

제5조(광고 게재 및 조정) ① 정부광고 업무대행 기관장이 광고 의뢰서를 접수한 때에는 광고주의 희망을 존중하여 광고 목적에 가장 적합하고 최대의 홍보효과를 거둘 수 있는 홍보 매체에 광고를 게재하여야 한다. 다만, 광고주가 광고물 제작을 함께 의뢰한 경우에는 광고물을 직접 제작하거나 전문 광고 제작사에 의뢰하여 제작한 후 광고를 게재하여야 한다. 〈개정 2009. 10. 6.〉

② 정부광고 업무대행 기관장은 정부광고 업무의 취급 현황을 매월 1회씩 문화체육관광부장관에게 보고하여야 한다. 〈개정 2009. 10. 6.〉

③ 〈삭제〉〈개정 2009. 10. 6.〉

④ 한국언론진흥재단 이사장은 정부광고의 효율성을 높이고 광고 질서의 투명성 제고를 위해 한국ABC협회의 전년도 발행부수 검증에 참여한 신문 및 잡지에 정부광고를 배정한다. 〈개정 2009. 10. 6.〉

제6조(광고료 청구) ① 광고를 게재한 홍보 매체는 정부광고 업무대행 기관장에게 광고료를 청구한다. 〈개정 2009. 10. 6.〉

② 정부광고 업무대행 기관장은 광고주에 대하여 광고 게재물 및 증빙서를 제시하고 광고료를 청구 수령한다. 〈개정 2009. 10. 6.〉

제7조(수수료의 징수) ① 정부광고 업무대행 기관장은 광고주로부터 광고료를 징수하고 소정의 수수료를 공제한 후 해당 홍보 매체에 광고료를 지불한다. 〈개정 2009. 10. 6.〉

② 수수료율은 정부광고 업무대행 기관장이 정하며 문화체육관광부장관의 승인을 받아야 한다. 〈개정 2009. 10. 6.〉

③ 징수된 수수료는 문화체육관광부장관의 승인을 받아 사용한다. 〈개정 2009. 10. 6.〉

제8조(국내 방송광고 업무) 광고주가 한국언론진흥재단 이사장에게 국내 방송매체를 통한 정부광고를 의뢰한 때에는 다음 사항에 의한다. 〈개정 2009. 10. 6.〉

1. 지상파 방송매체 및 종합편성 방송매체에 의뢰한 경우 「방송광고 판매대행 등에 관한 법률」 제2조 8호에서 정하는 방송광고 판매대행 사업자와 체결한 "정부광고의 방송광고 대행 업무에 관한 약정"에 의한다.

2. 그 밖의 국내 방송의 경우에는 한국언론진흥재단의 정부광고 절차에 따라 추진한다.

제9조(위탁기관의 주요 활동) 정부광고 업무대행 기관장은 원활한 정부

광고 사업 추진을 위한 정부광고 효과조사, 민간협업, 광고교육 등의 사업을 하여야 한다. 〈신설 2013. 12. 12.〉

제10조(기타) 대행 수수료 등 정부광고 시행에 관한 세부 사항은 문화체육관광부장관의 승인을 거쳐 정부광고 업무 대행 기관의 규정으로 정한다. 〈신설 2009. 10. 6.〉

부칙 〈2013. 12. 12.〉

이 지침은 2014년 1월 1일부터 시행한다.

강아영(2021. 2. 26.). ABC 제도 자체가 신문산업 불공정 이끄는 구조로 작용: ABC협회 부수 조작 의혹 긴급토론회. 기자협회보. http://www.journalist.or.kr/news/article.html?no=48973

공보처(1997). 광고행정백서. 공보처.

국민권익위원회 국제교류담당관(2017. 2.). 해외 반부패 및 옴부즈만 동향 보도자료.

권예지, 편미란, 윤성인(2021). 공공 커뮤니케이션 활성화 방안. 한국방송광고진흥공사.

김병대(2020). 정치광고 헤드라인 강조 유형 분석 연구: 20대 국회의원선거를 중심으로. 기업과혁신연구, 43(1), 37–47.

김병희(2019). 정부광고의 정석(개정판). 커뮤니케이션북스.

김병희, 성윤택, 이희복, 양승광, 김지혜(2022). 광고 건전성의 구성요인과 광고효과의 검증. 광고연구, 132, 39–68.

김병희, 손영곤(2021). 정부광고 품질 향상을 위한 중장기 전략 방안. 한국언론진흥재단.

김병희, 손영곤(2022a). 정부광고의 품질 향상을 위한 우선순위 요인들의 계층구조분석(AHP). 한국광고홍보학보, 24(3), 39–67.

김병희, 손영곤(2022b). 국가 정책광고 효과성 분석방안 연구. 문화체육
  관광부.

김병희, 손영곤, 조창환, 이희준(2017). 정부광고와 공공광고의 효과
  측정: 정부·공공광고의 수용과정을 중심으로. 광고학연구, 28(6),
  7-34.

김영욱(2010). 선전인가, 공익인가? 우리나라 정부광고 집행의 문제점
  과 대안. 커뮤니케이션이론, 6(1), 295-336.

문화체육관광부 미디어정책국(2021. 12.). 정부광고 업무편람. 문화체육
  관광부.

박대의(2021. 12. 21.). IFABC, 정부 광고 집행기준서 부수 제외 유감.
  매일경제. https://www.mk.co.kr/news/culture/10145825

성욱제(2001). 프랑스 신문 시장질서와 지원제도: 세계언론법제동향(하).
  한국언론재단.

손영곤, 김병희(2022). 상호지향성 모델로 알아본 정부광고에 대한 이
  해와 오해. 광고연구, 135, 140-175.

심성욱, 김유경(2013). 해외 주요국가의 정부 및 공공기관 광고 집행체계에
  관한 연구. 한국언론진흥재단.

윤태일, 김병희, 이정교(2007). 정부광고 대행제도에 관한 정책연구:
  효율화 방안 모색을 위한 전문가 의견조사 및 제안. 홍보학연구,
  11(2), 232-267.

이시훈(2021). 광고법제로 보는 광고의 이해. 한경사.

이태준, 이원혁, 이준수, 지준형, 최동욱, 박현희, 남태우(2019). 4차 산
  업혁명시대 정부 커뮤니케이션 제도개선 방안 연구. 한국개발연구원.

이희복, 홍문기(2020). 정부광고 제도개선에 대한 전문가의 인식: 계층
  적 분석방법(AHP)을 중심으로. 광고학연구, 31(4), 125-149.

이희복, 홍문기(2022). 효율적인 정부광고 기획과 대국민 소통 전략. 한국
  언론진흥재단.

이희준, 조창환 김병희, 손영곤, 김연진(2017). 정부광고 내용분석 연구: 분류 체계의 수립 및 집행 기관과 광고 목적에 따른 차이를 중심으로. 광고연구, 113, 5-44.

주디 라논 저, 이정철 역(2010). 공공 커뮤니케이션 방법론. 한국언론진흥재단.

차희원, 김영욱, 신호창(2005). 정책 PR의 평가 지표 개발에 관한 연구: 국정홍보처 실무자와 외부 전문가 의견 비교를 중심으로. 홍보학연구, 9(1), 126-169.

최일도, 이재호(2014). 정책 브랜딩 방향. 한국언론진흥재단.

최일도, 정미정(2017). 신문 등 광고 법제도 및 정책체계. 한국언론진흥재단.

최일도, 최지혜, 이희복(2019). 정부광고 거래 방식 및 수수료 체계. 한국언론진흥재단.

최일도, 허웅(2012). 정부광고를 활용한 정책홍보 효율화 방안 연구. 한국언론진흥재단.

최지혜, 최일도, 김병희(2019). 정부광고법 제정의 함의. 한국언론진흥재단.

한국언론진흥재단(2013). 정부광고실무안내. 한국언론진흥재단.

한국언론진흥재단 GOAD(2023a). 정부광고통합지원시스템. https://www.goad.or.kr/hp/comm/main.do

한국언론진흥재단 GOAD(2023b). 정부광고 업무편람. https://www.goad.or.kr/hp/refe/inquireStatute.do?bdId=23&currentPage=1

한국언론진흥재단 GOAD(2023c). 정부광고 통계. https://www.goad.or.kr/hp/info/govAdStat.do

Bailly, Alexandre, & Haranger, Xavier (2017. 11. 27.). Sapin II Law: The New French Anticorruption System La Loi Sapin II:

Le nouveau dispositif français anti-corruption. Morgan Lewis https://www.morganlewis.com/pubs/2017/11/sapin-ii-law-the-new-french-anticorruption-system

GCS (2019). Modern Communication Operating Bodel 2.0. https://gcs.civilservice.gov.uk/publications/modern-communications-operating-model-mcom-2-0/

Jones Day (2017. 1). Key Changes in French Financial Regulations Resulting from Sapin II Law. https://www.jonesday.com/files/Publication/276e008a-8e0b-4550- a845-ed5c15bf6e5b/Presentation/PublicationAttachment/36f9b149-e5c3-40fe-adef-f400a939f01e/Key_Changes_in_French_Financial_Regulations.pdf

Lavidge, R. C., & Steiner, G. (1961). A Model for Predictive Measurement of Advertising Effectiveness. *Journal of Marketing*, *25*, 59-62.

O'Reilly, Lara (2017. 2. 27.). France Passed a New Advertising Transparency Law the Entire Global Ad Industry Should Pay Attention To. https://www.businessinsider.com/france-loi-sapin-digital-advertising-transparency-update-2017-2

「정부기관 및 공공법인 등의 광고시행에 관한 법률」(정부광고법)
「정부기관 및 공공법인 등의 광고시행에 관한 법률 시행령」
「정부기관 및 공공법인 등의 광고시행에 관한 법률 시행규칙」
「정부광고 업무 규정」

인명

Lannon, J. 018

내용

ABC발행부수공사 121, 122

고애드(GOAD) 077, 111, 163,
203, 205, 206
공공 커뮤니케이션 018, 019,
020, 029, 031, 032, 033, 070,
077, 085
공공성 019, 021
공익광고 044, 045
공익성 072, 079, 080, 086
광고효과 022, 032, 046, 087,
175, 176, 180, 184

국무총리훈령 021, 052, 054,
055, 057, 074, 099
국제방송교류재단 055, 060

대행 수수료 023

문화체육관광부장관 072, 073,
082, 089, 093, 099, 110, 117,
140, 145, 152, 200

브랜디드 콘텐츠 087

저자 소개

김병희(Kim, Byoung Hee)

현재 서원대학교 광고홍보학과 교수로 재직하고 있다. 서울대학교를 졸업하고, 한양대학교 광고홍보학과에서 광고학박사를 받았다. 한국광고학회 제24대 회장, 한국PR학회 제15대 회장, 정부광고자문위원회 초대 위원장, 서울브랜드 위원회 제4대 위원장으로 봉사했다. 그동안『스티커 메시지: 스킵되지 않고 착착 달라붙는 말과 글을 만드는 법』(한국경제신문, 2022),『광고가 예술을 만났을 때 아트버타이징: 광고가 예술을 만나 특별해지는 순간』(학지사, 2021),『정부광고의 정석』(개정판, 커뮤니케이션북스, 2019)을 비롯한 여러 저서를 출간했고,「상호지향성 모델로 알아본 정부광고에 대한 이해와 오해」(2022),「광고 산업의 가치사슬 모델을 새롭게 정립하기 위한 질적 연구」(2022),「정부광고와 공공광고의 효과 측정: 정부 · 공공광고의 수용과정을 중심으로」(2017) 등 정부광고를 비롯해 광고와 PR에 관한 110여 편의 학술논문을 발표했다. 한국갤럽학술상 대상(2011), 제1회 제일기획학술상 저술 부문 대상(2012), 한국연구재단의 우수 연구자 50인(2017) 등을 수상했고, 정부의 정책 소통에 기여한 공로를 인정받아 대통령 표창(2019)을 받았다. 이메일: kimthomas@hanmail.net

최일도(Choi, Il Do)

현재 문화체육관광부 산하 공공기관이자 정부광고 수탁기관인 한국언론진흥재단에 재직하고 있다. 한국외국어대학교에서 브랜드 전략과 소비자 연구로 광고학박사를 받았다. 2010년도부터 정부광고 제도 및 정책 담당 연구위원으로서, '정부광고법'의 입안에 참여했고, 정부기관 등의 정책홍보 분야에서 자문과 연구와 강의를 하고 있다. 2022년 10월부터 국민권익위원회 청렴연수원 청렴자문위원으로 임명돼, 정부광고와 관련된 법규(국가계약법, 청탁금지법, 이해충돌방지법 등)에 대한 자문과 강의를 겸하고 있다.『정부광고 관련 법제도』(공저, 한국언론진흥재단, 2022),『정부광고의 시각적 표현 유형과 크리에이티브』(한국언론진흥재단, 2020),『해외 정책 브랜딩 성공사례』(한국언론진흥재단, 2021),『언론사 통합 마케팅 방안』(한국언론진흥재단, 2016),『정책 브랜딩 방안』(한국언론진흥재단, 2014)을 비롯한 다수의 저서를 출간했고, 「미디어 수용자의 매체 소비 예측에 따른 정부광고 효율화 방안에 관한 연구」(2017) 등 30여 편의 논문을 발표했다. 이메일: muse21@empas.com

최지혜(Choi, Jee Hye)

현재 문화체육관광부 산하 공공기관이자 정부광고 수탁기관인 한국언론진흥재단에 재직하고 있다. 한국언론진흥재단에서 정부광고 제도 및 정책 담당 연구위원으로 재직 중이며, 정부기관과 공공법인 등의 홍보분야 컨설팅과 교육을 담당하고 있다. 한국외국어대학교에서 광고학 전공으로 박사학위를 받았다. 그동안 『정부광고 관련 법제도』(공저, 한국언론진흥재단, 2022), 『디지털 공공 커뮤니케이션 전략 방안』(공저, 한국언론진흥재단, 2022)을 비롯해 다수의 저서를 발간했다. 또한 「정책 브랜드 평가가 정책 주체에 대한 태도에 미치는 영향에 관한 연구」(2021), 「정책 브랜드 자산 구성요소 및 평가모형에 관한 연구」(2019), 「퍼스널 브랜드로서의 지방자치단체장 이미지 구성요인과 영향에 관한 연구」(2018), 「미디어 수용자의 매체 소비 예측에 따른 정부광고 효율화 방안에 관한 연구」(2017)를 비롯한 다수의 논문을 주요 학술지에 발표했다. 현재 정부광고와 공공 커뮤니케이션 현상에 깊은 관심을 가지고 지속적인 연구 활동을 해 오고 있다. 이메일: jeehyedata@gmail.com

학지컴인사이트총서 010

알기 쉬운 정부광고법 해설
A Simple and Easy Guide to the Government Advertising Act

2023년 4월 5일 1판 1쇄 인쇄
2023년 4월 10일 1판 1쇄 발행

지은이 • 김병희 · 최일도 · 최지혜
펴낸이 • 김진환
펴낸곳 • ㈜**학지사**

　　　　04031 서울특별시 마포구 양화로 15길 20 마인드월드빌딩
대표전화 • 02-330-5114　　팩스 • 02-324-2345
등록번호 • 제313-2006-000265호

홈페이지 • http://www.hakjisa.co.kr
페이스북 • https://www.facebook.com/hakjisabook

ISBN 978-89-997-2893-8　03320

정가 15,000원

출판미디어기업 **학지사**

간호보건의학출판 **학지사메디컬** www.hakjisamd.co.kr
심리검사연구소 **인싸이트** www.inpsyt.co.kr
학술논문서비스 **뉴논문** www.newnonmun.com
교육연수원 **카운피아** www.counpia.com